Benedict Joseph Maria von Koller

Pflicht u. Leidenschaft im Kampfe

oder Der weibliche-Timon - ein bürgerliches Schauspiel in fünf Aufzügen

Benedict Joseph Maria von Koller

Pflicht u. Leidenschaft im Kampfe
oder Der weibliche-Timon - ein bürgerliches Schauspiel in fünf Aufzügen

ISBN/EAN: 9783743414136

Hergestellt in Europa, USA, Kanada, Australien, Japan

Cover: Foto ©ninafisch / pixelio.de

Manufactured and distributed by brebook publishing software (www.brebook.com)

Benedict Joseph Maria von Koller

Pflicht u. Leidenschaft im Kampfe

Pflicht u. Leidenschaft im Kampfe,

oder

der weibliche-Timon.

Ein

bürgerliches Schauspiel

in

fünf Aufzügen.

Von

Benedikt Joseph Koller.

Linz, gedruckt bei Johann Thomas Edeln v. Trattnern,
k. k. Hofbuchdrucker und Buchhändler.
1797.

Personen.

Wilfeld, Kaufmann.
Karl, sein Sohn.
Therese, seine Tochter.
Reichart, Kaufmann.
Ferdinand, sein Sohn.
Louise, seine Tochter.
Wilhelmine.
Chevalier, Krönsberg.
Stahl, Kaufmann.
Ein Polizeykommissär.
Zween Kaufmannsdiener.
Gerichtsdiener.

Indem ich dieses Schauspiel dem Drucke übergebe, ist der Verfasser desselben mein Bruder nicht mehr; er sah auch den Beifall nicht, mit dem es bei der ersten Vorstellung auf dem hiesigen Landschäftlichen Theater beehrt wurde. Ich weine nun verlassen an seiner Urne, und sehe mit banger Ahndung einer öden Zukunft entgegen. Nehmen Sie daher edle und biedere Bewohner von Linz dieses Schauspiel aus den Händen einer Schwester, die es Ihnen als das ein-

zige

ziges Vermächtniß seiner Bruderliebe übergiebt. Er würde vielleicht noch Manches daran geändert haben, was der Kritik unterliegt: allein dieses übersehen wohl Freunde, unter denen er wandelte. — Es war ja seine größte Wonne — Fehler und sogar Verbrechen seiner Mitmenschen zu mildern, und wenn er gesetzlich handeln mußte, mit inniger Wehmuth zu bestrafen.

Linz den 7. Dezember 1797.

Theresia Koller.

Erster Aufzug.

Erster Auftritt.

Ein Zimmer in Wilfelds Wohnung.

Wilfeld allein.

Wilfeld. (einen offenen Brief in der Hand) Nun bin ich ganz zu Grunde gerichtet! (er durchsieht den eingeschlossenen Wechsel) Fünfhundert Thaler, statt eben so vieler Tausende! Fahre hin Wohlstand! Das Ende meiner Laufbahne ist schrecklich! Ueberall Forderungen, und nirgends Geld! Keine Aussicht in eine bessere Zukunft; Dieser Banquerot zieht mich mit in die Tiefe — macht mich in meinem grauen Alter zum Bettler!

Zweyter Auftritt.

Wilfeld, ein Kaufmannsdiener.

Kaufm. Dr. Dieß Billet von meinem Herrn! Ich soll auf Antwort warten.

Wilfeld. (erbricht das Billet, u. list zitternd) Das ist zu viel! Grosser Gott! Ins Gefängniß soll ich, wenn ich nicht auf der Stelle bezahle?

Kaufm. Dr. Ich bedaure. Aber mein Herr befahl mir, Ihre Schwelle nicht eher zu verlassen, bis Sie Ihre Wahl zwischen Zahlung oder Arrest bestimmt erklärt haben würden.

Wilfeld. Ich kann nicht bezahlen. Der Baumannische Banquerot, von dem ich so eben aus Frankfurth Nachricht erhielt.—

Kaufm. Dr. Brachte meinen Herrn aus aller Fassung, denn er verliert 10000 Thaler.

Wilfeld. Ich nur die Hälfte; aber es ist alles, was ich noch zu verlieren hatte! Seit zwey Jahren fielen sechs meiner Korrespondenten in Konkurse! Bey jedem verlor ich beträchtliche Summen. Mein Unglück ist nicht meine Schuld. Ich sehe kein anderes Mittel vor mir, als den Rest meiner Habe meinen Gläubigern abzutreten, daran mag Herr Stahl sich halten.

Kaufm.

Kaufm. Dr. Seine Forderung, sagt er, sey nicht alt genug, um in dem Konkurse volle Befriedigung hoffen zu können; er greift also nach Ihrer Person —

Wilfeld. Und behandelt den Unglücklichen als einen Betrüger?

Kaufm. Dr. Vielleicht rechnet er darauf, daß fremdes Mitleid Sie loskaufen, oder eine gute Bürgschaft veranlassen werde; denn Sie sind überall als ein Mann von Ehre geschätzt —

Wilfeld. Und sollte nun durch meine Schande fremdes Mitleid erbetteln? Schrecklich! (er hebt den Wechsel gen Himmel empor) Vater! Es ist der letzte Nothpfenning der Armuth! Aber auch dieses Opfer sey der Ehre gebracht! — Lieber Freund! Melde er seinem Herrn, daß ich ihm nach Tische durch meinen Sohn 500 Thaler ins Haus schicken werde.

Kaufm. Dr. Sehr wohl! (ab)

Wilfeld. (mit starrem Blick auf den Wechsel) Wie gering, und unbeträchtlich kamst du mir vor, als ich dich erhielt! Und wie wichtig wirst du mir, nun ich dich hingeben soll!

Dritter Auftritt.

Wilfeld und Therese.

Therese. Guten Morgen, lieber Vater!

Wilfeld. Guten Morgen, mein Kind! (er küßt sie)

Therese. Was ist das? — Sie weinen? Was fehlt Ihnen, Vater?

Wilfeld. Viel, meine Tochter! viel! Es wäre grausam, dich ohne Vorbereitung dem traurigen Schicksale zu überlassen, das dir so nahe bevorsteht. Du mußt alles wissen!

Therese. Wie Sie mich erschrecken! Sie werden mich doch nicht verlassen wollen, mein Vater?

Wilfeld. Leider, ich muß, da ich dir nun nicht mehr Vater seyn kann! Sag mir, Liebe; Wie gefällt dir deine Tante in Regensburg, die uns nach dem Tode deiner Mutter besuchte?

Therese. Recht gut, lieber Vater! Man merkt es ihr in allem an, daß sie die Schwester meiner Mutter ist.

Wilfeld. Nun, diese wird künftig deine Mutter seyn. Mit dem ersten Postwagen mußt du nach Regensburg! Ich werde dich der Aufsicht unseres Vetters Luithold anvertrauen, der, wie ich höre, eben diese Reise macht.

Therese. Aber warum soll ich denn fort, lieber Vater?

Wilfeld. Ich bin durch Unglück ohne meine Schuld arm geworden. Meine Handlung wird vielleicht morgen schon durch die Obrigkeit gesperrt. — Ich bin gefaßt,

Alles

Alles ruhig zu dulden, wenn ich nur meine Kinder nicht darunter leiden sehe. Mein Karl versteht die Handlungsgeschäfte gut, und wird jedem als Kaufmannsdiener willkommen seyn. Auch er soll fort! Ich will um mich her keine Menschen unglücklich sehen, die von mir fodern können, daß ich sie glücklich machen soll. Euere Entfernung wird mir schwer fallen, aber doch minder schwer, als euere Gegenwart.

Therese. Nein, mein Vater! Ich kann Sie nicht verlassen. Sie haben viel' auf meinen Unterricht verwendet, ich kann arbeiten.—

Wilfeld. Dich kümmerlich zu nähren.

Therese. Meine Bedürfnisse sind leicht befriediget — es wird hinreichen für uns beyde; kindliche Liebe wird meinen Eifer wach halten, und Gott meine Arbeit segnen!— Nur diese Trennung nicht, Vater!

Wilfeld. Du denkst edel, und ich — will nicht unedel handeln.

Therese. Ein Mahl, das die Liebe auftischt, und die Zufriedenheit würzt— Vater! ist das Ihrem Herzen nicht angenehm?

Wilfeld. Ich will meinem Kinde nicht zur Last fallen!

Therese. Und ich soll es meiner Tante?

Wilfeld. Das wirst du nicht, gute Therese! Du hast noch eigenes Vermögen genug, dich anständig zu unterhalten, ohne Unterstützung deiner Tante.

Therese. Eigenes Vermögen?

Wilfeld. (holt ein Kästchen mit Schmuck aus der Komode) Dieser Schmuck ist ein Vermächtniß deiner Mutter. Sein Werth beträgt wenigstens 4000 Thaler. Jeder Juwelier giebt sie dafür. Zweyhundert Thaler Zinsen, und der Erwerb deiner Hände werden hinreichen —

Therese. (mit Feuer) Mich und meinen Vater hier zu ernähren! Ich verlasse Sie nimmermehr!

Wilfeld. Gute Therese! Du bist nun in ein Alter getreten, wo du zu deiner Bildung der Leitung eines edlen Weibes bedarfst. Hier ist die Gränze der Erziehung, die ein Vater geben kann — die Vollendung sey deiner Tante vertraut. Bey ihrer zärtlichen Sorgfalt wirst du mich so schwer nicht vermissen.

Therese. Ich Sie nicht vermissen? Ach Gott! Lieber Vater! — Eine Bitte — eine grosse, dringende Bitte an Sie — und, weil Sie mich entfernen — verlassen wollen, vielleicht die letzte!

Wilfeld. Rede mein Kind! Sie sey dir gewährt, wenn —

Therese. (weinerlich freudig) Gewährt? Gewährt? O Sie lieber, guter Vater!

Wilfeld. Nun?

Therese. Der Schmuck ist also wirklich mein?

Wilfeld. Ganz dein eigen.

Therese. Nun — was ganz mein eigen ist, das darf ich ja verschenken, wie ich will — so nehmen Sie ihn, mein Vater!

Wilfeld. Edle, liebenswürdige Seele! (er küßt sie) Dank dir für deine Liebe; — aber annehmen kann ich dein Geschenk nicht.

Therese. (bittend) Vater!

Wilfeld. Ich werde Unglück dulden können, aber ich will es nicht verdienen. Wenn ich den Schmuck auch annähme — was könnte er mir nützen? Ich würde ihn meinen Gläubigern nie vorenthalten, und da sein Werth nicht hinreicht, alle zu befriedigen, so wäre er verloren — und meine Lage um nichts besser; schlimmer noch; denn der Gedanke an dich würde dann meinen Jammer vervielfachen, so aber wird er mir Trost seyn. Gott segne deine Reise! (er legt den Schmuck wieder in die Komode) Ißt laß mich allein, liebe Tochter!

Therese. (küßt ihm die Hand, und will schluchzend ab)

Wilfeld. Noch eins; Hier hast du den Schlüssel, wenn ich vielleicht bey der Untersuchung nicht zu Hause seyn sollte. Auf dein Eigenthum haben meine Gläubiger keinen Anspruch; dir aber sey es bei deinem kindlichen Gehorsame verbothen, den geringsten Gebrauch davon zu machen.

Therese. Das ist doch hart! (ab)

Wil=

Wilfeld. Ed'es, vortrefliches Mädchen! Wie reich bin ich durch deine Liebe! — Ein unglücklicher Bürger — aber ein glücklicher Vater! O daß ich auch meine Kinder glücklich machen könnte! Belohne du sie, Vater im Himmel! Meine Freudenthränen fodern dich auf! Sie sind dir selten im Auge des Elenden.

Vierter Auftritt.

Wilfeld und Reichart.

Reichart. Guten Morgen, Wilfeld!
Wilfeld. Willkommen, Reichart! Was führt dich zu mir?
Reichart. Freundschaft, und ein guter Handel.
Wilfeld. Ich kann nichts mehr wagen.
Reichart. Ist nichts gewagt dabey. Ein Baratthandel, Liebe um Liebe, Hand um Hand.
Wilfeld. Ich begreife dich nicht.
Reichart. Meine Tochter — aber höre Freund! Komm her! Laß dir ins Aug sehn! Deine Sprache ist so verstimmt — ich glaube, du hast geweint.
Wilfeld. Freudenthränen, lieber Reichart!
Reichart. Ich auch. Du wirst Wunder hören! Aber weine mir ja deinen Vorrath nicht weg. Halte zurück, Alter! Diese Waare kommt erst in Gang, wenn wir über unseren Handel eines werden. Meine Louise liebt — rath einmal wen?

Wilfeld. Wie kann ich das?
Reichart. Deinen Karl.
Wilfeld. meinen Karl?
Reichart. Wessen Karl denn sonst? Höre nur, lieber Wilfeld! Als ich heute Morgens aus den Federn kroch, und sie mir das Frühstück brachte, da hatte sie ganz rothe Augen. Aviso genug, meinen geraten Weg zu gehen, den ich als Christ, und Mensch immer gegangen bin, und auch als Vater zu gehen pflege.
Wilfeld. Nun?
Reichart. Ich dulde in den Herzen meiner Kinder durchaus keine Kontrebende! Das ganze Sortiment ihrer Empfindungen muß rein vor dem Vater daliegen; darinn hab ich ihnen von Jugend auf keinen Schleichhandel geduldet, und nun das Mädchen Coram genommen. Sie liebt deinen Karl, Alter, und das freut mich, denn er ist ein rechtschaffener Junge, hat Religion, und versteht die Handlung aus dem Grunde. Nun — wie stehts mit dem Barattiren?
Wilfeld. Ich habe kein Vermögen.
Reichart. Wenn ich mein Kind glücklich machen will, so habe ich, Gott Lob nicht nach dem Vermögen des Bräutigams, sondern nur nach seiner Rechtschaffenheit zu fragen. Diese ist das Hauptkapital eines Kaufmannes.

Wil-

Wilfeld. Wohl wahr! aber —
Reichart. Jh, so laß mich ausreden, ich bitte dich! — Als mir das Mädchen mit all ihrer verschämten Offenherzigkeit das ganze Inventarium ihres Denkens und Fühlens Post für Post vorspecifizirte, so giengen mir die Augen über, und da dacht' ich bey mir selbst — Lache mich ja nicht aus, lieber Wilfeld! Du wirst wohl auch schon öfter so gedacht haben. „Knabe! Du wirst nun täglich um 24 Stunden älter, und das hat bey 60 Jahren wohl etwas zu bedeuten. Das Interesse des Lebens nimmt ab, wie das Kapital des Alters zunimmt. Kinder hast du, aber es wäre deinem Herzen profitabler, wenn du auch Enkel hättest! Vaterfreude ist ein segenvolles Kapital; aber noch segenvoller die Freude eines Großvaters, denn da verzinsen sich auch die Interessen! So dacht' ich, und sah in meiner Einbildung schon ein Viertldußend Jungers um mich herumhüpfen, und — und — Alter. Das Herz tritt mir in die Augen — ißt rede du!
Wilfeld. Reichart! Reichart! Hättest du mir vor 3 Jahren diesen Antrag gemacht — mit Vergnügen würd' ich eingeschlagen haben. Aber ißt —
Reichart. Willst du das Mädchen mit Protest zurückweisen?

Wil-

Wilfeld. Ich will dich nicht betrügen, Freund! Itzt bin ich ein Bettler. Ich habe kein Eigenthum mehr, und will meine Gläubiger nicht um das Ihrige hintergehen. Noch heute will ich ihnen mein Alles gerichtlich abtreten.

Reichart. Nun so tritt es ab, und setz dich zur Ruhe. Ich will meine Handlung auch abtreten. Dein Sohn soll sie haben und das Mädchen dazu. Und dann hab ich noch so ein artiges Reservkapitälchen parat, daß ich gern mit meinem alten Freunde in Frieden und Ruhe verzehren möchte. Es ist nun einmal so meine Gewohnheit, daß mich nichts freuen kann, wenn sich nicht ein anderer mitfreut. — Willst du, so schlag ein!

Wilfeld. Ich danke dir für deine Freundschaft, Reichart! aber ich wünschte, daß du bei diesem wichtigen Schritt, der dein Herz in so edle Wallung setzt, bedächtlicher zu Werke giengest. Es wäre schrecklich, wenn es dich einst reuen sollte. Deine Louise kann ein besseres Glück treffen.

Reichart. Wenn das Glück im Geld läge, so hätte sie es schon getroffen, denn sie hat Geld. Aber darum ist sie noch nicht glücklich, und wird's nicht, so lang ihr dein Karl fehlt.

Wilfeld. Nun so mag sie ihn haben, und meinen Segen dazu.

Rei-

Reichart. Laß ihn rufen, mach ihm den Antrag, und leb wohl! Nach Tische sprech ich wieder zu, Gott befohlen, lieber Wilfeld. (Händedruck ab.)

Wilfeld. Noch mehr solche Menschen — und die Erde würde zum Paradiese! (er läutet, ein Diener kommt) Ruf er meinen Sohn herauf! (Diener ab) Was soll ich nun? Wenn er glauben könnte, ich wolle mich auf Kosten seines Herzens vom Bettelstabe befreyen? — Den nahen Ruin meiner Handlung kann ich ihm doch nicht verschweigen; wird er das nicht, als eine Art des Zwanges ansehen, wenn ich ihm itzt meinen Verfall ans Herz lege, und diese Verbindung ihm als das letzte Rettungsmittel vorschlage? — Nein das will ich nicht. Sein rasches, feuriges Temperament, das ihn zum Sklaven jedes heftigen Eindrucks macht, würde dieser Prüfung unterliegen, und späte Reue mir vielleicht den Vorwurf machen, daß ich sein Temperament misbraucht habe! — Nimmermehr!

Fünfter Auftritt.

Wilfeld und Karl.

Karl. Sie haben befohlen, mein Vater! —

Wil

Wilfeld. Ein Wort an dein Herz, Karl! kann ich auf Vertrauen rechnen?

Karl. In allem, mein Vater!

Wilfeld. Das Geschäft, worüber ich mit dir zu sprechen habe, liegt aus den Gränzen meiner Gewalt. Ich rathe; du entscheidest. Sag mir, ist dein Herz frey?

Karl. Die Frage —

Wilfeld. Macht dich verlegen?

Karl. Ich begreife nicht —

Wilfeld. Ich besto besser. (Pause. Er setzt sich, und fährt gleichgültig scheinend fort) Man hat mir heut einen Antrag für dich gemacht; du könntest heurathen.

Karl. Heurathen, mein Vater?

Wilfeld. Warum erschrickst du vor diesem Worte?

Karl. Weil — weil ich mir kein ander Glück wünsche, als meinen gegenwärtigen Zustand. Unser Gewerbe —

Wilfeld. Sinkt. Man hat mir ein anderes, und glücklichere Aussichten auf dich angebothen.

Karl. Ich soll Sie verlassen, mein Vater?

Wilfeld. Nein. Wir leben da eben so ruhig, und vergnügt zusammen, wie bisher.

Karl. Vater! Der Mann ist nie ganz glücklich, dem sein Weib den Vorwurf machen kann, daß er alles durch sie geworden ist.

Wilfeld. Recht! —— —— Was hältst du von Louisen Reichart?

Karl. Sie ist ein edles, tugendhaftes Mädchen,

Wilfeld. Ihr Vater war eben bei mir.

Karl. Er begegnete mir auf der Treppe, drükte mir die Hand, und sagte lächelnd: Sie werden etwas neues erfahren.

Wilfeld. Er both mir die Hand seiner Louise für dich an; nach Tische wird er wieder zusprechen; was soll ich ihm antworten?

Karl. Um Gottes Willen mein Vater; Heute schon!

Wilfeld. In Gottes Namen, mein Sohn! heute noch!

Karl. Ich kann nicht, mein Vater, diese Ueberraschung hat mich betäubt — verwirrt — Gewähren Sie mir doch wenigstens Aufschub!

Wilfeld. Karl! Dein Herz ist nicht mehr frey!

Karl. (gesteht es stillschweigend)

Wilfeld. Ich hätte doch wenigstens Vertrauen verdient!

Karl. Ich fühle mein Vergehen! Verzeihung!

Wilfeld. Uber sieh, mein Karl, das Vertrauen eines Kindes thut dem Vaterherzen so wohl, daß ich es auch itzt noch nicht zurückweisen will.

Karl. Wie sehr beschämt mich Ihre Güte!

Wilfeld. Ich muß es dir gestehn! Seit einigen Monathen wußt ich mich in dein ganzes Betragen nicht mehr zu finden. Deine herzliche Offenheit verwandelte sich in schüchterne Zurückhaltung, deine Freiherzigkeit in Mistrauen. Die Handlungslungsgeschäfte wurden dir gleichgiltig, dein Fleiß, deine Liebe zur Thätigkeit waren auf einmal verschwunden, ich bemerkte sogar Spuren heimlicher Verschwendung, die auf den Gang deiner Geschäfte nicht ohne Einfluß seyn konnten —

Karl. O hören Sie auf, mein Vater! Dieser Vorwurf setzt mich in die Klasse der niederträchtigsten Menschen herab.

Wilfeld. Vorwurf soll es nicht seyn, Karl! Ich wollte dich nur überzeugen, daß der väterlichen Sorgfalt auch nicht der kleinste Umstand deiner Verwandlung entgieng — daß meine Liebe zu dir dein Zutrauen ganz verdiene.

Karl. Vater! Ihre Güte ist mir schrecklicher, als ihr Zorn!

Wilfeld. Fasse dich, mein Sohn! Alles sey vergeben und vergessen! Schütte dein Herz vor mir ganz aus, ich bin ja zufrieden, wenn ich nur dieses wieder habe. Deine Geliebte? —

Karl. Wilhelmine Krönsberg.

Wilfeld. Krönsberg? Dieser Namen ist mir ganz unbekannt. Wer ist sie?

Karl. Eine unglückliche, verlassene Waise, aber bey Gott! eines besseren Schicksales würdig! Verfolgt von einem treulosen Vormunde, dem sie ihre Hand versagte, gepeinigt von ihren Verwandten, die dieser Bösewicht in sein Interesse zu ziehen wußte,

wußte, floh sie aus Strasburg mit ihrem Bruder hieher. Vier lange Wochen rang sie mit Mangel und Noth; ich sah sie zum erstenmale im Park weinend vor mir vorübergehen; mein Herz riß mich ihr nach; ich hörte die Geschichte ihres Jammers, und von diesem Augenblicke war ich nicht mein.

Wilfeld. Du unterstütztest sie also? O ich wußte es wohl, daß mein Karl keiner uneblen Handlung fähig ist, wenn er sie nicht nothwendig findet, eine edle dadurch zu veranlassen. Nur etwas fällt mir dabey auf, mein Sohn! Ich halte sehr wenig von Frauenzimmern, die von einem Manne Geschenke anzunehmen fähig sind.

Karl. O nein, mein Vater! Eben ihre Uneigennützigkeit war es, die mich ganz für sie hinriß. Jedes Geschenk mußte ich ihr schlechterdings aufdringen, und ihre beynahe hartnäckige Weigerung überzeugte mich bey jeder Gabe von ihrer wahrhaft edlen Seele.

Wilfeld. Du kennst die Welt nicht, Karl! Dein Temperament ist feurig, jeder gähe Eindruck jagt dein Blut in Wallung, dein Herz liegt auf deiner Zunge, eine geübte Tausendkünstlerin sieht dir mit dem ersten Blicke durch die Seele; wie leicht ist da die Rechnung gemacht, dich

mit

mit erheucheltem Edelmuth zu fesseln, und
die That mit blosem Scheine zu belohn n?

Karl. Das kann Wilhelmine nicht, mein Vater!

Wilfeld. Sey es! Du siehst, ich bin sehr nach-
gebend. Urtheile nun selbst, wozu kann
diese Liebe führen? Welche Aussichten geben euch Hoffnung —

Karl. Wir finden unser Glück in unserer Liebe.

Wilfeld. Das dauert nicht lang ohne andere In-
gredienzen. Auf unser gesuntnes Gewerbe
ist keine Verbindung zu wagen. Verlassen wirst du mich nicht wollen, um
als Abentheurer dein Glück auf Gerathe-
wohl zu suchen, das will ich weder deinem Kopfe, noch deinem Herzen zutrauen.
Es gefällt mir, daß du dein Glück nicht
dem Vermögen eines reichen Mädchens
danken willst. Louisen würdest du nicht
glücklich machen; sie wird also die deine
nicht. Aber auch Wilhelmine wird es nicht.
Ich müßte nicht Vater, ich müßte Ty-
ran an dir seyn, wenn ich zugeben wollte, daß ein armes landflüchtiges Mädchen
meinen Sohn zum Gefährten ihres Elen-
des machen soll. Hier tret' ich ganz in
meine Vaterrechte! Hier kann ich be-
fehlen; es gilt die Rettung meines Sohnes; du weißt also meinen Willen.

Karl. Armuth, Vater! ist doch wahrlich keine
Schande!

Wilfeld. Unverdiente, gewiß nicht!

Karl. Auch Wilhelminens Armuth ist unverdiente, Und! bey Gott! an ihrer Seite würde mir selbst der äusserste Mangel nicht drückend scheinen!

Wilfeld. Karl! Karl! Wo geräthst du hin? — Leichtsinn, Verschwendung, jede Thorheit, die deine Ehre nicht verletzt, selbst die Verminderung deiner Liebe zu mir will ich dir gerne Verzeihen, nur werde mir — was die gefährlichste unter allen möglichen Thorheiten ist — nur werde mir kein romantischer Schwärmer! (nach einer Pause gefaßt) Genug davon! Ich habe nun noch ein Handlungsgeschäft zu berichtigen — das letzte in dieser Laufbahne. Lies diesen Brief!

Karl. (nachdem er gelesen) Schrecklich. Dieser Verlust schlägt uns ganz zu Boden!

Wilfeld. Lies auch auch diesen! (er reicht ihm Stahls Brief)

Karl. (list) Personal-Arrest! Nimmermehr! Mich, mich soll er statt Ihrer ins Gefängniß werfen, mein Vater!

Wilfeld. Ruhig, mein Sohn! Nimm diesen Wechsel, und setz' ihn beym Banquier für Geld um. Stahl wird sich vor der Hand mit 500 Thalern zufrieden geben; das übrige mag ihm werden, wie Recht und Ordnung entscheidet: ich melde morgen den Konkurs an. Du, mein Sohn, mußt fort, mußt auswärts in Dienste treten.

ten. Deine Schwester geht nach Regensburg zu ihrer Tante, ihr Unterhalt ist besorgt. Nun geh, mein Karl, und verrichte deinen Auftrag!

Karl. Vater! Ich kann Sie nicht verlassen!

Wilfeld. Du mußt! Entfernung wird auch deine Leidenschaft heilen!

Karl. Vater! Nur noch eine einzige Bitte! Geben Sie mir Louisens Hand!

Wilfeld. Was soll sie damit ohne dein Herz?

Karl. (heftig) Meine Hand, und mein Herz für Louisen!

Wilfeld. Auf Kosten eines so edlen Herzens will, und kann ich nicht glücklich seyn!

Karl. (zu seinen Füßen) O nur Louisens Hand, mein Vater! oder —

Wilfeld. Karl! (nach einer Pause) Nach Tische will ich dich wieder fragen. (schnell ab, Karl ihm nach)

Der Vorhang fällt.

Zweyter Aufzug.

Erster Auftritt.

Ein Zimmer in Reicharts Hause.

Louise allein.

Louise. (sizt am Tische, und näht) Wo doch mein lieber Vater so lange bleiben mag! Soll er es denn nicht errathen, daß ich mich heute ganz sonderbar nach ihm sehne? (sie legt die Arbeit nieder) Es will nicht recht fort! — Ich hätte es ihm doch nicht sagen sollen, wie mir ums Herz ist! Was wird nun Karl von mir denken, wenn er es erfährt? Es ist doch recht ärgerlich, daß wir Mädchen gar nichts gestehen dürfen! (sie arbeitet wieder einige Augenblicke, und sieht durchs Fenster) Ach er kömmt noch nicht! Wenn er etwa Karln selbst mitbrächte! O wenn er käme! — wenn er izt mit ihm hereinträte — du lieber Himmel, ich brächte kein Wort über meine Zunge, und doch hätt' ich ihm so unendlich viel zu sagen! — Wenn ich ihn oft aus dem Fenster sehe, oder ihm auf der Strasse begegne, wie erschreck ich nicht! Und Karl ist doch eben nicht so fürchterlich. Da werd' ich auf

einmal so roth, und gleich darauf wieder
ganz blaß, aber gewiß nur, um in dem
nächsten Augenblicke noch röther zu werden, als zuvor, da pocht mein Herz so
stark, so laut — und das macht alles
der Schrecken! Aber, Himmel! wenn
er gar nicht käme — wenn er meine
Hand ausschlüge — mich nicht wieder
lieben könnte — was dann? O da wäre
freilich kein anders Mittel, als — husch
ins Kloster.

Zweyter Auftritt.

Reichart und Louise.

Reichart. Nun da bin ich ja wieder.
Louise. (Fliegt auf ihn zu, und küßt seine Hand)
O mein Vater! Mein lieber Vater!
Reichart. Nu, nu, nu! so laß mir nur Zeit,
Louischen! Ich muß doch zu Athem
kommen!
Louise. (zurückgezogen) O ja, Vater! Es
hat gar nicht Eile!
Reichart. Nicht!
Louise. (hastig) Haben Sie Karln selbst gespro-
chen? Was sagt er denn? Was macht er
für eine Miene dazu? Herr Wilfeld wird
doch wohl auch —

Reichart. Nu', da sieht mon ja, daß es gar nicht Eile hat! — Mädchen, Mädchen! Du hast deinem Karl etwas zu tief in die Augen geguckt!

Louise. Ich? Wie sie doch so scherzen können, lieber Vater!

Reichart. Es wird wohl heute noch Ernst daraus werden, hoff' ich.

Louise. Ernst? Wirklich Ernst? heute noch Ernst?

Reichart. Nun, da haben wirs wieder! — Daß ihr euch von Jugend auf einander immer gut waret —

Louise. Schon als Kinder spielten wir recht froh, und herzlich miteinander.

Reichart. Das giebt mir Freude und dir Hoffnung. Jugendfreundschaft ist ein Wechsel, der bey reiferem Alter fällig, und wenn er an ein Mädchenherz adbreffirt ist, selten mit Protest zurückgewiesen wird, das weiß ich aus Erfahrung.

Louise. Karl hat also eingewilliget, Vater?

Reichart. Mit ihm hab' ich noch nicht gesprochen, aber so eben glaub ich, macht ihm sein Vater den Antrag darüber. Nach Tische mußt' du mit mir hin, dann wollen wir alles ins Reine bringen.

Louise. Wie Vater? Ich sollt mit Ihnen hin?

Reichart. Warum denn nicht?

Louise. Es würde sich nicht wohl schicken, denk ich.

Reichart. Warum soll es sich nicht schicken, daß ich dem Bräutigam seine Braut aufführe?

Louise.

Louise. Ach, Vater, da liegt es eben, ich bin ja noch nicht seine Braut.

Reichart. Was nicht ist, das kann noch werden, und soll noch heute werden. Der Alte hat Ja gesagt, hat den Wechsel eurer Herzen akzeptirt, und wenn Karl einen Diskretionstag begehrt, so ist er von Sinnen, und verdient deine Hand nicht. Nun von etwas anderem. Ist dein Bruder zu Hause?

Louise. Nein.

Reichart. Wo ist er?

Louise. Vermuthlich zum Hofrath Sommer. Er zog sein Gallakleid an, und nahm sogar seinen Degen.

Reichart. Wann kam er gestern nach Hause?

Louise. Er kam — erst heute früh gegen 3 Uhr und um 7 Uhr war er schon wieder fort.

Reichart. Der Junge will mir seit einiger Zeit gar nicht gefallen.

Louise. Mir auch nicht, lieber Vater!

Reichart. Warum?

Louise. Er ist bei weitem nicht mehr so, wie er war, als er von der Universität zurückkam. Der ganze Mensch hat sich geändert.

Reichart. Und woher glaubst du, daß diese Veränderung wohl kommen möge?

Louise. Es wird ihm eines von seinen Büchern nicht gefallen haben, denn seit geraumer Zeit sieht er gar keines mehr an.

Reichart. Das ruinirt den Kredit eines Juristen völlig. Er muß Handel und Wandel treiben

ben mit seinen Kenntnissen, und sein Handlungsbuch ist sein Kopf, die Schriften der Rechtsgelehrten sind ihm das, was mir meine Strazenbücher sind, aus welchem jede Post ins Handlungsbuch mit Richtigkeit übertragen, werden muß; sonst findet sein Kopf eben so wenig Zutrauen, als die Handlungsbücher eines sahrläßigen Kaufmanns. Ich fürchte, der Junge ist ein Schwärmer geworden! Das war er doch sonst nicht.

Dritter Auftritt.

Ein Kaufmannsdiener. Vorige.

Kaufm. Dr. Dieß Billet von Herrn Kaufmann Lentner wurde so eben ins Komptoir gebracht, und sehr nachdrücklich empfohlen.

Reichart. Schon gut. (Kaufmannsdiener ab) Was mag denn der wollen? (erbricht und list.) „Bester Reichart! Geschäfte hindern „mich Sie selbst zu besuchen; ich halte es „aber für Pflicht, Sie in Ansehung Ihres „Sohnes zu warnen, daß Sie ihn noch „bey Zeiten von einer verdächtigen Bekannt-„schaft zurückhalten, die vielleicht seinem „guten Rufe nachtheilig werden könnte. — Hörst du, Louise? Dieser Aviso wird mir die Dispoziion um vieles erleichtern. „Ein „guter Freund sagte mir so eben auf der „Börse: Ihr Sohn habe im Kaffeehause
„bey

„bey der Krone 12 Dukaten nebst seiner
„Uhr im Spiele verloren. Sein Spielka-
„merad war ein gewisser Chevalier
„Krönsberg, der mit einem Frauenzimmer,
„welches er für seine Schwester ausgiebt,
„im Gasthofe bey den 3 Mohren wohnt.
„Dieser Mensch steht als ein falscher Spie-
„ler im Rufe, und wird seit einigen Ta-
„gen von der Polizey beobachtet. Was
„von dem Frauenzimmer zu halten sey,
„mögen Sie selbst urtheilen. Man versi-
„cherte mich, daß er seit geraumer Zeit
„täglich bey ihr einspreche. Handeln Sie
„nun als Vater, wie Sie es für gut
„finden, als Freund habe ich das Meinige
„gethan. Ihr ergebenster — Lentner. „Eine feine Geschichte. Aber laß ihn nur
kommen!

Louise. Ach lieber Vater!

Reichart. Schweig! Du wirst doch für den Tho-
ren nicht interzediren wollen!

Louise. Vielleicht ist auch nicht so viel an der Sache, als Vetter Lentner glaubt.

Reichart. Das wird sich finden. Vor allem be-
fehle ich dir, deinem Bruder von diesem
Brief nicht eine Silbe zu sagen.

Louise. Wenn es nur darauf ankömmt, Vater,
da bin ich das verschwiegenste Mädchen
in der ganzen Christenheit.

Reichart. Gut. Wenn Ferdinand kömmt, so such'
ihn hier aufzuhalten. Ich will indeß meinem

nem Freunde für die Nachricht danken. Bald bin ich wieder da.

Vierter Auftritt.

Louise allein.

Louise. Da bin ich nun wieder allein! Mit wem soll ich itzt reden? Und ich habe doch wieder so viel auf dem Herzen! (setzt sich an die Arbeit) Mein Bruder hat mir da einen unverantwortlichen Streich gespielt. Eben heute muß es herauskommen, daß der junge Herr ein Schwärmer ist! Mein Vater wird böse darüber, denkt immer und immer an die fatale Geschichte — ach — und vergißt darüber vielleicht mich, und meinen Karl! — — Spielen, Geld und Uhr verlieren, herumschwärmen mit einem Glücksritter, dem die Polizey nachspühret — das ist unerhört!

Fünfter Auftritt.

Ferdinand, Krönsberg, Louise.

Ferdinand. (Krönsberg am Arme hereinführend) Louise hier siehst du den Herren Chevalier Krönsberg, meinen wärmsten Freund, und angenehmsten Gesellschafter.

Louise. Ich habe die Ehre —

Kröns=

Krönsberg. O wenn Sie wüßten, mein Engel, wie lang ich schon nach dem Glücke schmachte, die edle Schwester eines so vortreflichen Bruders zu sehen; dann würden Sie sich auch das unnennbare Vergnügen vorstellen können, welches ich bey diesem himmlischen Anblick empfinde.

Louise. Ich weiß nicht, was ich Ihnen hierauf antworten soll, Herr Chevalier!

Krönsberg. Ich versichere Sie, meine Theuerste, daß ich mir unendlich viel von Ihnen versprochen habe, aber ich schwör' es Ihnen, daß ich itzt meine Erwartungen unendlich übertroffen finde.

Louise. Sie sind zu gütig! — Ich glaube nicht, daß sich viel von mir erwarten läßt.

Krönsberg. O wie göttlich läßt die Bescheidenheit bey so glänzenden Vorzügen!

Ferdinand. Nicht doch, mein Freund, Aengstigen Sie das gute Mädchen nicht mit Schmeicheleyen, worauf es Ihnen nicht antworten kann. Es ist ein Kind der Natur, noch unverdorben vom Welt-Tone.

Krönsberg. Wie? Glauben Sie, Freund, der Weltton könne die Natur verderben? An einen Manne, der so viel bon Ton hat, wie Sie, hoffte ich wahrlich keinen so chen Ketzer zu finden. Es ist ein unbezweifeltes Dogma, mein Bester, daß der Weltton das wieder gut mache, was die Natur vernachläßiget hat. Doch bey einem so liebenswürdigen bigen Frauenzimmer findet sich wahrhaftig nichts, was der Weltton verbessern könnte.

Louise. Wenn Sie das lateinisch gesagt hätten, Herr Chevalier, so hätte ich eben so viel davon verstanden.

Krönsberg. Wie so mein Engel? — Verstehen Sie auch Latein?

Louise. Nicht eine Silbe, Herr Chevalier!

Krönsberg. O welche Grazie wissen Sie jedem Ihrer Worte zu geben! Ich bedaure nur, daß ich itzt nicht länger Ihre Reitze bewundern kann. Meine Schwester wurde diesen Morgen von einer bedeutenden Unpäßlichkeit überfallen.

Ferdinand. Wie? Was? Ihre Schwester krank? — Ich gehe mit, warum sagten Sie mir das nicht früher?

Krönsberg. Sie verzeihen, Freund! Meine Schwester verbittet sich alle Besuche bis auf den Abend. Wollen Sie uns aber auf den Abend beglücken, so —

Ferdinand. Ich komme gewiß.

Louise. Es würde sich wohl besser schicken, Ferdinand, wenn du heute zu Hause bliebest, deiner eigenen Schwester zu Liebe.

Ferdinand. Warum, Louise?

Louise. Weil mein Vater mich heute noch verloben will. Und das weißt du noch nicht?

Krönsberg. Wer ist der Uiberglückliche?

Ferdinand. Verloben? An wen?

Louise. An Karln, heute noch!

Kröns-

Krönsberg. An Karln? An Karln —
Ferdinand. Wilfeld.
Krönsberg. Karl Wilfeld? — O das ist ja mein
 intimster Freund! Wir haben nur ein Herz —
 nur eine Seele miteinander.
Louise. Karl Ihr Freund, Herr Chevalier?
Krönsberg. Kastor und Pollux waren nicht inniger verbrüdert. O ich bin entzückt, und be-
 sprat zugleich! Ich muß fort, muß in die
 freye Luft! Mein Herz ist durch diese Ueberraschung völlig aus dem Takte gekommen!
 Leben Sie wohl! auf Wiedersehen! (ab)

Sechster Auftritt.

Louise und Ferdinand.

Louise. (nach einer langen Pause) Herr Bru-
 der! der Mensch ist ein Narr.
Ferdinand. (zerstreut) Ein munterer Kopf —
 beliebt in jeder Gesellschaft. Du kennst den
 Ton der feinen Welt nicht.
Louise. Nach diesem zu schliessen, lohnt sichs wohl
 der Mühe nicht, ihn zu studiren.
Ferdinand. Jeder lebt nach seiner Weise.
Louise. Unser einfaches bürgerliches Leben ist doch
 immer das beste.
Ferdinand. Wahr!
Louise. In der feinen Welt haben die Leute so
 wenig zu thun, daß sie sogar spielen müssen.
Ferdinand. Ach!

Louise.

Louise. Du seufzest? Du bist zerstreut? Du freuest dich nicht einmahl, daß deine Schwester eine Braut ist? — Das ist nicht schön, Herr Bruder.

Ferdinand. Ich freue mich deines Glückes herzlich, liebe Louise!

Louise. Komm her, Ferdinand! Sieh mir ins Gesicht! So! — Und nun sag mir aufrichtig, was hältst du von meinem Karl?

Ferdinand. Alles Gute.

Louise. Alles Gute! Ach wie trocken mein armer Karl abgefertiget wird! Und er ist doch so schön, wie keiner in der ganzen Stadt, und so gut, wie keiner in der ganzen Welt! So häuslich, so verständig, so rechtschaffen, so fleißig —

Ferdinand. Gutes Mädchen, hör' auf, du bist jämmerlich verliebt!

Louise. Was ich sagen wollte — Bruder! Glaubst du wirklich, daß Karl ein so warmer Herzensfreund des Chevalier ist?

Ferdinand. Ich sah ihn nur zweymahl bey ihm, und wie ich eintrat, entfernte er sich schnell, nicht ohne sichtbare Verlegenheit.

Louise. Verlegenheit? Warum das?

Ferdinand. Warum? — Jenun ich glaube, daß du von der Schwester des Chevalier mehr zu fürchten habest, als von dem Tone der feinen Welt.

Louise. Ey du böser Mensch, mit deinem häßlichen Glauben!

Fer-

Ferdinand. Vielleicht ist es auch nur Laune — Zeitvertreib.

Louise. Ach du lieber Himmel, das sind traurige Aspekte!

Ferdinand. Du seufzest? Du bist zerstreut? Du freuest dich nicht einmahl mehr, daß du Karls Braut bist? Das ist nicht schön, Schwester!

Louise. (weinerlich) Geh, das ist boshaft von dir!

Ferdinand. Nun, sey mir wieder gut, Louise, vergieb, daß ich auch nur einen Augenblick dich kränken konnte!

Louise. Es ist also nicht wahr?

Ferdinand. Ich glaub' es selbst nicht. Karl ist zu bieder. Aber wie kam's, daß du auf einmahl seine Braut wurdest?

Louise. Unser Vater kann dir das besser sagen, als ich. Du hättest mich früher darum fragen sollen, dann hätt' ich dir alles gesagt, was ich davon weiß. Als Bruder hättest du mich um das auf der Stelle fragen sollen, aber da lag dir — Gott weiß, was? auf dem Herzen, — und nun gute Nacht, Vorwitz! — Doch ja, so eben fällt mirs ein, daß mir mein Vater befohlen hat, mich anzuziehen, weil er mich zu Wilfelds führen will. Sag mir doch, Ferdinand! Wie viel Uhr ists?

Ferdinand (mit der gewohnten Bewegung nach der Uhrtasche.) Ich — ich habe meine Uhr nicht

nicht bei mir! Ich habe sie auf meinem Zimmer gelassen.

Louise. Auf deinem Zimmer ist sie nicht; ich habe erst vor einer Stund da aufgeräumt.

Ferdinand. So muß ich sie — .

Louise. In der Zerstreuung verloren haben, nicht wahr?

Ferdinand. Louise! Vor dir habe ich kein Geheimniß. Sie ist fort! ich habe sie im Spiele verloren.

Louise. Da haben wirs! Ey, ey, lieber Ferdinand! Wenn du doch den Ton der feinern Welt nicht studirtest!

Ferdinand. Louise, verschone mich mit Vorwürfen! Gieb dem Tone der Natur Gehör, wenn dein Bruder dich um Hilfe bittet! Auch mein Geld ist weg. Ich wag es nicht, meinen Vater so bald wieder anzusprechen. Hast du nichts vorräthig? Ich bin in großer Verlegenheit, Louise.

Louise. Um es wieder zu verspielen?

Ferdinand. Nein, gewiß nicht, Schwesterchen! Gieb mir einige Dukaten! Ich will sie als treuer Beobachter deines Karls fortan redlich verdienen.

Louise. (hastig) Alles, was ich habe, lieber Ferdinand! (sie giebt ihm ihre Börse)

Ferdinand. Edles Mädchen! (er will zählen.)

Louise. Laß das, es ist keine Spielschuld!

Ferdinand. Leider, ich fühl' es, meine Zerstreuung ist strafbar!

Louise.

Louise. Zumahl mit dem Chevalier — mit einem Menschen, dem die Polizey nachspührt — (zurückfahrend)
Ferdinand. Wie? Was sagst du?
Louise. (abeilend) Nichts, nichts, gar nichts lieber Bruder! Ich muß mich anziehen, ich muß mich anziehen! (ab)
Ferdinand. Das begreif' ich nicht. (will ab)

Siebenter Auftritt.

Ferdinand und Reichart.

Reichart. (ihm an der Thür entgegen) Bleib, Ferdinand! Ein paar Worte im Vertrauen! — Warum schlägst du die Augen nieder? Das reine Gewissen blickt frey. Ich war sonst immer so zufrieden mit dir.
Ferdinand. Sind Sie das itzt nicht mehr, Vater?
Reichart. Nein. Und nun sag du mir die Ursache, warum ich es nicht mehr bin?
Ferdinand. Ach! Es ist ebendieselbe, warum ich mit mir selbst unzufrieden bin!
Reichart. Bist du das wirklich, mein Sohn? — — — Das freut mich. Nun sag mir aufrichtig: Liebst du?
Ferdinand. Der Gegenstand ist Ihnen kein Geheimniß, mein Vater!
Reichart. Lentners Marianne? Sonst keine?
Ferdinand. Ich liebe Mariannen mit Leidenschaft.

Reichart. Was für ein Kommerz hast du mit der Schwester eines gewissen Krönsberg?

Ferdinand. Sie ist mir gleichgültig.

Reichart. Und ihr Bruder —

Ferdinand. Ist seit einiger Zeit mein Gesellschafter —

Reichart. War es auch diese Nacht bey der Krone?

Ferdinand. Ja.

Reichart. Wo sind Geld und Uhr?

Ferdinand. Im Spiele verloren — das Unglück —

Reichart. Das falsche Spiel des Nichtswürdigen!

Ferdinand. Nein, mein Vater! Sie gehen zu weit! Krönsberg ist mein Freund!

Reichart. Freund? Daran zweifle ich. Wär' er gerechten Handels und Wandels, so würde er die Uhr nicht aus der Tasche gespielt haben.

Ferdinand. Ich drang sie ihm auf, um nicht sein Schuldner zu seyn.

Reichart. In gewisser Rücksicht war das gut von dir; doch bleibt es immer schlecht von ihm, daß er sich die Uhr aufdringen ließ.

Ferdinand. Aber —

Reichart. Schweig! Der Krönsberg taugt nichts, ist einer von denjenigen, die sich durch eine empfehlende Aussenseite betrüglich in den ehrbaren Zirkel redlicher Menschen hineinschwärzen, noch mehr, er ist schon als Kontreband bekannt, und wird von der Polizey auf das genaueste beobachtet.

Fer=

Ferdinand. Woher kommen Sie zu dieser Vermuthung, Vater?

Reichart. Es ist Gewißheit, sag ich dir; ich würde dich durch schriftliche Beweise davon überzeugen, wenn ich glauben könnte, daß mein Wort bey deinem Herzen, oder bey deiner Vernunft den Kredit verloren habe. — — Und nun frage ich dich noch einmahl, wie stehst du mit seiner Schwester?

Ferdinand. Sie ist mir gleichgültig.

Reichart. Und doch besuchest du sie täglich?

Ferdinand. Meine Besuche galten ihrem Bruder.

Reichart. Ferdinand! — Ich bin dein Vater? —

Ferdinand. Auf Wort, und Ehre! Ißt ist sie mir gleichgültig.

Reichart. Ißt?

Ferdinand. Ich war nahe daran, sie feurig zu lieben! doch schreckte mich ihre Kälte zurück, und — aufrichtig zu gestehen — ich hielt sie für Wilfelds Geliebte — brachte der Freundschaft dieses Opfer, und suchte meine Zerstreuung im Spiele. Hier haben Sie die ganze Geschichte, mein Vater!

Reichart. Karl Wilfeld, sagst du?

Ferdinand. Es schien mir wenigstens so.

Reichart. Schien dir so? Was hast du für Gründe für deine Vermuthung?

Ferdinand. Zu wenige, um meinen Freund verdächtig machen zu können, doch gar keine, um ihn verdächtig machen zu wollen. Ich

sah

sah vielleicht mit den Blicken des eifersüchtigen Jünglings —

Reichart. Was ich mit dem kalten Blick' eines Mannes untersuchen werde. Du bleibst zu Hause! bis ich wieder komme. (ab)

Ferdinand. Zu Hause? — Das ist mir in dieser Stimmung unmöglich. Wilhelmine — und meine Schwester! — Ich muß Karln sprechen, wo ich ihn auch finden mag. (eilt ab)

Der Vorhang fällt.

Dritter Aufzug.
Erster Auftritt.
Wilhelminens Zimmer.

Wilhelmine, bald darauf Krönsberg.

Wilhelmine. (am Fenster) Da kömmt er wieder zurück! Wie die Freude aus seinen Augen leuchtet! — Gewiß muß ihm irgend ein Bubenstück gelungen seyn! — Und mit solch einer Kreatur meinen Namen vor der Welt gemein zu haben! O es ist sehr drückend, daß ich mit so verhaßten Geschöpfen in Verbindung stehen muß, um meinen Haß Ihresgleichen fühlbar zu machen! — Karl!

Karl! — Nein! Selbst Er könnte mich mit seinem Geschlechte nicht aussöhnen! — Stille, Herz! und sag es mir nie wieder, daß ich ihn minder hasse!

Krönsberg. So ganz allein?

Wilhelmine. Vor diesem Augenblicke noch in besserer Gesellschaft, als itzt.

Krönsberg. Wie befinden sich meine schöne Timonisse?

Wilhelmine. Immer in Timons Stimmung, wenn ich Ihresgleichen sehe.

Krönsberg. Ja, nicht alle Männer sind Wilfelds.

Wilhelmine. Schweigen Sie!

Krönsberg. (sieht nach der Uhr) Schon 2 Uhr? Wie die Zeit eilt! — Der Schlag ziemlich richtig, und ewig einerley, wie der Ehstand, doch ohne zu ermüden! Das haben die Uhren von dem Ehestande voraus! (zeigt ihr die Uhr) Sehn Sie, Fräulein, ein neues Geschenk von Madame Fortuna.

Wilhelmine. Sie ist eine grosse Patroninn der Betrüger.

Krönsberg. Ich informirte sie, wie sie mir gute Karten in die Hände spielen soll, und sie verstand meine Winke ganz allerliebst.

Wilhelmine. Wem haben Sie diese Uhr gestohlen?

Krönsberg. Abgewonnen?

Wilhelmine. Gleich viel!

Krönsberg. Der junge Reichart drang sie mir als eine Ehrenschuld auf; er gab mir auch zuvor

zuvor seine Börse aufzuheben, doch nicht von
Importanz — zwölf goldne Marobeurs aus
Kremnitz, die sein Glück im Retiriren nicht
mehr einholen konnten, und nun als Kriegs-
gefangene in meine Hände geriethen —

Wilhelmine. Plündern Sie ihn ganz aus!

Krönsberg. Diesen Fang haben Sie mir abgetreten, Fräulein! Doch nicht aus Verzweiflung?

Wilhelmine. Aus Mitleid gegen Sie, und aus
Verachtung gegen euch beyde.

Krönsberg. Reichart fällt doch immer mehr ins
Gewicht, als Wilfeld.

Wilhelmine. Für Sie — nicht für mich!

Krönsberg. Das begreif' ich nicht. Wodurch
kann sich wohl jemand Ihrem Geschmack'
empfehlen?

Wilhelmine. Durch das Gefühl des Jammers,
den mein Haß ihm bereitet.

Krönsberg. Wilfeld ist im Sinken, sein Vater
steht auf dem Sprunge.

Wilhelmine. Desto empfindlicher wird ihm die
Kränkung.

Krönsberg. Auf Ehre, Fräulein, Sie sind mir
von der Scheitel, bis zur Ferse ein Räthsel!
Ihr Haß geht immer im reitzendsten Negli-
gée der Liebe.

Wilhelmine. Um gewisser zu verwunden.

Krönsberg. Ihre liebenswürdige Misanthropie
wurde mit tausend Geschenken von der Raserei
Ihrer Anbether überhäuft; Sie setzten wäh-
rend

rend unserer Reise allenthalben alle Stände in Kontribuzion, und von all den beträchtlichen Summen haben Sie nichts — schleuderten alles weg.

Wilhelmine. Es war mir verächtlich, weil es von Männern kam.

Krönsberg. Sie haben gar keinen Spekulazionsgeist. Jtzt konversiren Sie mit Banquerotiers Söhnen, und darben aus Grille, beneiden nicht einmal meine Eroberungen, wovon die Geringste mehr abwirft, als eine ihrer Grösten. Das kann ich unmöglich begreifen.

Wilhelmine. Auch bin ich so tief noch nicht gesunken, um Ihnen erklärbar zu seyn.

Krönsberg. An mir liegt es gewiß nicht, wenn Sie hier an noblen Besuchen Mangel leiden.

Wilhelmine. Gewiß nicht; denn Sie sind Bösewicht genug, jedermanns Kuppler zu seyn.

Krönsberg. Sie belieben auch mich zu verachten, Fräulein?

Wilhelmine. Von ganzem Herzen.

Krönsberg. So bewundere ich die Toleranz Ihrer Misanthropie als der Sonderling, der sich rühmen kann, durch 3. Jahre der Gefährte Ihrer Avantüren zu seyn.

Wilhelmine. Eine Kreatur, wie Sie, war mir Bedürfniß, um mich täglich im Hasse gegen Ihr Geschlecht zu bestärken. — Ein Blick auf Sie — und ich bin ganz Timonisse. Was kann mir zu meinem Plane willkommner

ner seyn, als ein Mann, der selbst Profession davon macht, andere Männer zu betrügen?

Krönsberg. Aber, wie nun — Fräulein? Was würden Sie sagen, wenn eben der, den Sie betrügen wollen, Sie selbst betröge?

Wilhelmine. Das sieht Ihnen ganz ähnlich.

Krönsberg. Die Rede ist nicht von mir, sondern von Wilfeld.

Wilhelmine. (stutzt betroffen.)

Krönsberg. Er ist seit heute an ein reiches Mädchen verlobt, welches ihn für die Pfeile Ihrer Misantropie unverletzbar macht.

Wilhelmine. Sie lügen.

Krönsberg. Auf Ehre! Louise Reichort ist seit heute seine Verlobte. — Sie ist jung, hübsch, albern, tugendhaft, und bis zur Raserey in Karln verliebt.

Wilhelmine. Woher wissen Sie das?

Krönsberg. Vor zwey Stunden gestand sie mir alles selbst, als ich ihren Bruder nach Hause begleitete. Lieber Himmel! Das war ein Auftritt!

Wilhelmine. Noch einmal! Sie lügen.

Krönsberg. Glauben, oder nicht glauben — das steht Ihnen frey. Ich mache mich bequem. (er legt Hut und Degen auf den Tisch, und stellt sich ans Fenster.)

Wilhelmine. Auch Er! (sie trocknet sich die Augen mit hastigem Unwillen) Weg, verrätherische Thräne? Du bist meine letzte, und

und ich fluche dir, weil ein Mann dich erpreßt hat!

Krönsberg. (für sich) Was da für zweydeutige Kerls um das Haus herumschleichen! Sie sind alle so gleichförmig gekleidet, als wären sie leibliche Brüder! Die Pursche fangen an, mir verdächtig zu werden.

Wilhelmine. Mir so innige Liebe zu heucheln! — Wie kann ich nun sein Herz zerreissen? Wie vergiften die Glückseligkeit des Heuchlers?

Krönsberg. (wie oben) Die Herren fixiren das Haus, als ob sie sich einen Abriß davon nehmen wollten! Sehn immer starr herauf, und keiner rückt seinen Hut! — Wie unverschämt!

Wilhelmine. Ein Jahr meines Lebens wollte ich aufopfern, um einen einzigen qualvollen Tag — für ihn!

Krönsberg. Ich wette, die Herren führen nichts Gutes im Schilde; denn sie schleichen herum, wie das böse Gewissen! Sapperment! Wenn diese Aufmerksamkeit auf meine Wenigkeit selbst gemünzt wäre! Nein, meine Herren! Der Fuchs geht in keine Falle, die er sieht. — Ah! Sehn Sie doch, Fräulein! Sie wollten mir vorhin nicht glauben! Da kömmt Wilfeld selbst dahergelaufen, als ob ihm der Kopf brennte! Nun können Sie sich überzeugen.

Wilhelmine. Wilfeld? Ich kann — ich will ihn nicht sprechen! Schicken Sie ihn fort — sagen Sie ihm, daß wir heute noch abreisen — daß ich ihn nie wieder sehen wolle —

Krönsberg. Ich will ihn schon schrauben; Horchen Sie im Nebenzimmer!
Wilhelmine. Sagen Sie ihm, daß ich ihn hasse!
Krönsberg. Hat Zeit! — Ich hör' ihn kommen.
Wilhelmine. Der Niederträchtige! (eilt ins Nebenzimmer)
Krönsberg. Arme Närrin! Amor hat dir einen gräulichen Strich durch die Rechnung gemacht! das schöne Geschlecht taugt nicht für die Misanthropie!

Zweyter Auftritt.

Krönsberg. Karl.

Krönsberg. Ergebner Diener! (kalte Verbeugung)
Karl. Ist Wilhelmine zu Hause?
Krönsberg. Sie sehen so verstört aus, was ist ihnen widerfahren?
Karl. Ist Wilhelmine zu Hause?
Krönsberg. Sie werden doch nicht unsertwegen von irgend jemanden gekränkt?
Karl. Zum letzten Mahle frag' ich Sie, ist Wilhelmine zu Hause?
Krönsberg. Sie ist durchaus nicht zu sprechen.
Karl. Auch für mich nicht?
Krönsberg. Am allerwenigsten. Sie will sich das Unangenehme des Abschieds ersparen.
Karl. Des Abschieds?
Krönsberg. Wir reisen.
Karl. Reisen?

Kröns-

Krönsberg. Heute noch.
Karl. Und mir blieb das ein Geheimniß?
Krönsberg. Wie uns ihre Verlobung.
Karl. Gott! Wilhelmine weiß —
Krönsberg. Alles.
Karl. Ich muß sie sprechen.
Krönsberg. Unmöglich.
Karl. Wo ist sie?
Krönsberg. Sie macht sich reisefertig, und dazu braucht sie nicht lange. Die Equipage ist leicht gepackt; wir können uns hier ohnehin nicht länger halten.
Karl. Was sagen Sie?
Krönsberg. Die wenigen Kleider, die wir mitbrachten, haben uns barmherzige Tröbler um einen Nothpreis abgeschächert. Ich trage meinen ganzen Reichthum am Leibe. Ein Unglück folgt auf das andere. Ich zittere für die Gesundheit meiner Schwester. Sie weint unaufhörlich.
Karl. Wilhelmine weint?
Krönsberg. Herr, Sie haben nicht als ein Mann von Ehre an meiner Schwester gehandelt.
Karl. O verdammt nicht, eh ihr gehört habt!
Krönsberg. Als Bruder hätt' ich das Recht, Genugthuung von Ihnen zu fodern.
Karl. Krönsberg, hören Sie mich!
Krönsberg. Mein Leben gäb ich darum, wenn meine Schwester Sie nie gesehen hätte.
Karl. O nur zwey Worte mit Wilhelminen!

Kröns-

Krönsberg. Was würde Louise dazu sagen?
Karl. Sie verkennen mich. Erst heute Morgens wurde mir diese Verbindung angekündiget —
Krönsberg. Und war ihnen willkommen.
Karl. Meinem Wunsche gewiß nicht, das weiß Gott! Aber meines Vaters Rettung lag in der Waagschale!
Krönsberg. Und ihr Leichtsinn in der Waagschale meiner Schwester, darum flog sie in die Luft. — Ihr Vater weiß um die Geschichte —
Karl. Erst heute gestand ich ihm meine Liebe zu Wilhelminen.
Krönsberg. Und bothen Louisen Ihre Hand an?
Karl. Um meinen Vater zu retten. —
Krönsberg. Der meine Schwester verfolgt — prostituirt —
Karl. Das thut mein Vater nicht — gewiß nicht!
Krönsberg. Er wußte längst um Ihre Liebe zu meiner Schwester. Es war Plan —
Karl. Mich von Wilhelminen loszureissen?
Krönsberg. Plan, sag ich Ihnen. Die Gelegenheit zu Ihrer Verlobung both kein Zufall. Alles war mit Vorsatz auf den Ruin meiner Schwester angelegt.
Karl. Das ist nicht möglich! Woher vermuthen Sie das?
Krönsberg. Reichart, Ihr Herr Schwager gestand es mir ganz frey.
Karl. (zerschmettert) Wenn es wahr wäre!
Krönsberg. Es ist!
Karl. Dann — ja dann —

Drit=

Dritter Auftritt.

Wilhelmine. Vorige.

Wilhelmine. (kömmt mit der Miene des Grames aus dem Nebenzimmer. Karl steht bey ihrem Anblick, wie betäubt, und Krönsberg betrachtet beyde kalt und stumm) Sie besuchen mich noch! — Das ist sonderbar!

Karl. Wilhelmine! Wenn du wüßtest —

Wilhelmine Ich weiß, was ich längst gefürchtet habe, und — nun ich es weiß, bleibt mir nichts mehr zu fürchten übrig; darum bin ich auch so ganz mit meinem Schicksale zufrieden.

Karl. Zufrieden?

Wilhelmine. Mir widerfuhr nichts, was ich nicht voraus vermuthete. Verzeihen Sie, daß ich deshalb mein Unglück minder fühle!

Karl. Wilhelmine! Wie kränkend verkennst du mich!

Wilhelmine. Ich bedaure nur, daß ich von dieser Seite Sie nicht früher kannte. — Doch das ist vorbei! ——— Entflohne Freuden, sagt man, leben in der Erinnerung wieder neu auf; Vielleicht daß ich einst in angenehmen Träumen das Glück genieße, dem itzt meine Hoffnung entsagen muß! — Seyn Sie ruhig darüber, Herr von Wilfeld.

Karl. Wilhelmine! Diesen Spott verdient mein Herz nicht.

Wilhelmine. Der Wahn von Ihnen geliebt zu seyn, war der angenehmste Traum meines Lebens; dieser Wahn wird wieder aufleben in den Träumen meiner Zukunft, wenn wir auch getrennt sind. Ihn wahr zu machen steht nicht mehr in Ihrer Gewalt. Ich kenne keine andere Liebe, als die, welche zum Altare führt — Sie haben gewählt — das ist vorbey! Meine Hoffnungen schwanden! O Karl! Nur nicht auch die Rückerinnerung mir rauben!

Karl. Gewählt? Wilhelmine! Gewählt? — O bey Gott! Hier blieb keine Wahl mir übrig — ich mußte!

Wilhelmine. Und wollten, was Sie mußten! — In dieser Kunst bin ich noch Schülerin — Lehre mich doch, dich verlassen zu wollen, Karl! denn itzt muß ich es, und mein Herz versteht diese Kunst so wenig.

Karl. O Wilhelmine! Mein Vater —

Wilhelmine. Will uns trennen — das weiß ich. Daß er recht hat — das fühle ich; denn ich bin arm, unbekannt — keine Aussicht — aber daß es schwer aufs Herz fällt, all seinen Hoffnungen entsagen, all seine Wünsche ersticken, all seine Gefühle unterdrücken zu müssen, um ein Familien-Verhältniß auszugleichen, das kann nur das Opfer dieses Verhältnisses allein fühlen.

Karl. Mein Vater ist sehr arm!

Wilhelmine. Also mein Glücksverwandter!

Karl

Karl. Ach er ist es erst seit wenig Monden! Fremde Fallimente brachten ihn herab. Dieser Wechsel von 500 Thalern, bey dem er eben so viele Tausend verlieren mußte, soll ihn noch heute vom Personal Arrest retten —

Wilhelmine. (für sich) Welch' ein reißender Platz zu einer tödtlichen Wunde!

Karl. In dieser entsetzlichen Lage beuth Reichart mir die Hand seiner Louise — ich nehme diesen Antrag an — — und nun verdamme dein Herz mich, wenn nicht auch du einen unglücklichen Vater gehabt hast.

Wilhelmine. (fällt ihm um den Hals) Diesen Kuß deinem Edelmuth zum Lohne! Karl, Es ist der letzte! — — Rette deinen Vater! — O ich wußte wohl, daß nur Edelmuth dich treulos machen konnte! Ich allein will nun unglücklich seyn.

Karl. Nein, das sollst du nicht, Wilhelmine!

Wilhelmine. Der Rettung deines Vaters opfere ich jeden Anspruch auf dein Herz — auf deine Liebe! Louise fühle das Glück, das eine täuschende Hoffnung mir in denen Armen versprach! Dein Vater weide sich an diesem Glücke, indeß mein Herz blutet. Der Machtspruch des Bedürfnisses trennt uns! Karl! Leb wohl, und sey glücklich! Deine Wilhelmine wird es nie wieder!

Karl. Wilhelmine! — —! Bey Gott! Das kann ich doch nicht!

Krönsberg. Wir sind nun schon einmal ein Opfer der Kabale.

Wilhelmine. O schweig, ich bitte dich.

Krönsberg. Das kann ich nicht! es war darauf angelegt, uns zu vernichten. Sie wissen nicht, armer Wilfeld, in welchen Händen Sie sind. Ich habe selbst eben heute mit Louisen gesprochen; sie ist bis zur Raserey verliebt, und nun mußte sie der Vater wohl zu Markte bringen.

Wilhelmine. Lästerer! Louise ist ein gutes Mädchen, eine gehorsame Tochter — ganz meines Karls würdig.

Krönsberg. Man spielt nur Komedie mit Ihnen. Das Reichartische Haus schürzt die Intrique, und Ferdinand macht den Spion.

Wilhelmine. Schweig Bruder! — Karl! Nun sind wir geschieden, Sie retten Ihren Vater — ich meine Ehre, die unter den drohenden Verfolgungen leiden würde.

Karl. Verfolgungen? wer dürfte es wagen?

Krönsberg. Wer es bisher mit gutem Erfolge gewagt hat, Ihr Vater, und Reichart. Die ganze Stadt ist voll von der Intrique, die wider uns gespielt wird. Sie allein heucheln den Unwissenden. Wir risquiren sogar, bey längerem Aufenthalte arretirt zu werden.

Karl. Das ist nicht möglich!

Krönsberg. Es ist wirklich, sag' ich Ihnen.

Karl. Mein Vater —

Ardnsberg. Verfolgt uns —
Wilhelmine. Vergeben sey ihm die Verfolgung!
— Wenn ich nur dich glücklich weiß, Karl!
dann wird mir mein Jammer minder schwer.
— Arm in Arm mit dir zu gehen durch ein
Leben voll Liebe, jede Spur des Trübsin-
nes noch im Keime von deiner Stirne zu
küssen, zu schwelgen mit dir im Taumel
der höchsten Wonne — o es war ein reißender Traum! Dein Vater trat zwischen
uns — und er verschwand! — Sey glücklich, Karl! und rette deinen Vater!
Karl. Nein, Wilhelmine! Ich kann dich nicht
verlassen!
Wilhelmine. Verlassen bin ich schon! Aber
vergessen — vergessen, Karl, wünsch' ich
mich nicht von dir!
Karl. Nie, Wilhelmine! Bey Gott! Nie! —
Fürchterlich dämmert es auf in meiner
Seele! — Mein Vater machte mir Vor-
würfe — wenn es wahr wäre — wenn du
ein Opfer seiner Verfolgung —
Wilhelmine. Weg mit dem Gedanken, Karl!
Deine Pflichten binden dich an deinen Vater!
Karl. Sind die Pflichten, die an dich mich binden, minder heilig? — Diese Sanftheit
bey seiner Ahndung — diese Milde bey seinem Verweise — er war seiner Sache so
gewiß — (heftig) Wenn es Plan gewesen
wäre! Wilhelmine!

D 3 Wil-

Wilhelmine. Du schwärmst, Karl! Diese Zerrüttung — O Verbittere mir nicht die Stunde der Trennung durch den Anblick deiner Leiden! — Ich habe ruhig von dir scheiden wollen, mein Karl! — Ich werd' es auch! Groß und belohnend steht der Gedanke vor mir, um deines Vaters willen elend zu seyn! Wenn die Armuth auf meiner Flucht mich zum Betteln zwingt, so wird dieser Gedanke meine Seele erheben, und der Blick, mit dem ich dann um Almosen flehe, wird Ehrfurcht und Mitleid in den Herzen der Menschen erregen.

Karl. Nein, das sollst du nicht, Wilhelmine! Es ist entschieden! Nichts trennt mich von dir! (zu Krönsberg.) Freund! Eilen Sie! Setzen Sie diesen Wechsel beym Banqier Rosa für Geld um! Es sey unser Reisegeld, Wilhelmine! Noch heute fliehen wir!

Krönsberg. O mein theuerster Freund! Ich versäume keinen Augenblick! Dießmahl haben Sie wie ein Mann von Ehre gehandelt! (eilt durch Wilhelminens Zimmer mit dem Wechsel ab)

Wilhelmine. (an seine Brust hingegossen) Karl! Karl! Du bringst der Liebe ein fürchterlich grosses Opfer! Wenn dein Vater deinen Werth so tief fühlt, wie ich — er kann die Stunde deiner Flucht nicht überleben!

Karl. Reichart wird ihn trösten — unterstützen — dann ist er ja geborgen, und wir — Wilhelmine! wir sind es auch in den Armen der Liebe!

Vierter Auftritt.

Ferdinand (der hastig eintreten will, und vor ihrer Umarmung zurückbebt, ohne bemerkt zu werden) Karl und Wilhelmine.

Wilhelmine. Und Louise?

Karl. Wer kann diesen Blicken gegenüber an eine Louise denken? Ich hasse alles, was das Glück unserer Liebe stört. Ein Kuß von dir wiegt hundert Louisen auf! O daß wir schon itzt über die Gränze wären! Mit Wonne werd' ich den Augenblick segnen, in dem das letzte Lüftchen meiner Heimath mich anweht!

Ferdinand. (beleidigt) Glückliche Reise!

Wilhelmine. (sinkt mit einem Schrey in einen Stuhl zurück)

Karl. Welcher Schurk wagt es?

Ferdinand. Ein ehrlicher Deutscher, der keinen Schurken zum Schwager haben will!

Karl. Elender Spion!

Ferdinand. Schweig, oder — (greift nach dem Degen)

Karl. (fährt nach Krönsbergs Degen, der noch auf dem Tische liegt) Willkommen mit diesem Tone, Verräther! (sie ziehn, und fechten)

Wilhelmine. (fährt auf, für sich) Sey dießmahl gerecht, O Himmel, und laß beyde fallen! O daß an ihnen das ganze Geschlecht vertilgt würde!

Fünfter Auftritt.

Reichart. Vorige.

Reichart. Was ist das? (er schlägt mit dem Stock über ihre Degen) Ruhe! Rede Ferdinand! Was gab Anlaß?

Ferdinand. Die Beschimpfung meiner Schwester.

Karl. Die Kabale meiner Verfolger.

Reichart. Fort nach Hause, Ferdinand! Nach dem, was ich dir diesen Morgen befahl, hätte ich dich hier nicht finden sollen.

Ferdinand. Ich konnte nicht anderst, Vater! Mein Herz —

Reichart. Fort! sag' ich

Ferdinand. Ich gehorche. (ab)

Karl. (umarmt wüthend Wilhelminen) Und wenn alles, was athmen kann, sich wider meine Liebe verschwüre Wilhelminen! Wenn alle Bande der Natur zerrissen, und die heiligsten Pflichten in Staub getreten werden müßten — die Liebe trotzt jeder Verfolgung. Von dir trennt mich nichts mehr! Sey standhaft! Bald bin ich wieder bey dir! (stürzt hinaus)

Reichart. Hm! Das wäre mir ein artiger Schwiegersohn! (Er mißt Wilhelminen mit einem langen Blicke)

Wilhelmine. Was soll das, mein Herr? Glauben Sie ein Meerwunder vor sich zu haben?

Reichart. Nein Mademoiselle! Ein Landwunder!

Wilhelmine. Was wollen Sie von mir?

Rei=

Reichart. Ich habe mit Ihnen eine kleine Spekulazion fürs Zuchthaus vor — bin ein gerader Deutscher, ohne viele Worte. Daß Sie überall und nirgends zu Hause sind, läßt Ihre Gesellschaft vermuthen. Sie treben Ihr Geschäft unter einer schlechten Firma. Ihr angeblicher Bruder ist ein Glücksritter, der mit falschen Würfeln das Spiel um den Kredit bringe, um welchen die Vernunft es schon mit ächten Gründen gebracht haben soll, und so Gott will, dereinst noch bringen wird. Und nun sagen Sie selbst, was man von einem Mädchen halten soll, das mit einem solchen Freybeuter im Lande herumzieht.

Wilhelmine. Was man will, das gilt mir gleich.

Reichart. Dann haben Sie es weit heruntergebracht. Der gute Ruf, durch welchen die Menschen (leider heuttutage nur wenige) mit Agio kursiren, ist Ihnen also gleichgültig. Sie verdienen daher weder Kredit noch Achtung. Man kennt Sie auch schon, Mademoiselle! Ihr Gewerbe ist Störung des häuslichen Friedens, Verführung der unerfahrnen Jugend, und Vergiftung des Bürgerglücks. Ihr Bruder — wo ist doch der heillose Bösewicht?

Wilhelmine. Nicht zu Hause.

Reichart. Er wird nicht entwischen. Ihr Bruder ruinirt die Menschen durch falsches Spiel, und Sie thun das nämliche durch Koquetterie.

Wilhelmine. Der falsche Spieler betrügt Männer; Die Koquette betrügt Männer. Haben denn beyde nicht vollkommen recht?

Reichart. Recht? — Recht? — Nein, bey meiner armen Seele! Das ist mir zu hoch! — Weißt du auch, Schamlose! daß die Wache schon vor deiner Thüre steht — daß der nächste Weg durch diese Thüre dich ins Gefängniß führt? Ich kam nicht ohne Begleitung.

Wilhelmine. Glauben Sie, daß ich darum zittern, oder vor Ihnen kriechen werde?

Reichart. Eine unerhörte Verwegenheit!

Wilhelmine. Der Haß gegen Ihr Geschlecht giebt mir Stolz genug, um seiner Verfolgungen zu spotten.

Reichart. Haß gegen mein Geschlecht? Weib! Dein Handwerk straft dich Lügen.

Wilhelmine. Keine Uebereilung, Graukopf! — Mein Ziel ist also ausgesteckt, und von nun an das Gefängniß meine Wohnung. Wohl! Nun höre meine Geschichte! (sie setzen sich) Mein Geburtsort ist — Zufall, mithin gleichgültig. Mein Vater war Steuerkassier, und Eigenthümer eines Hauses, das Vermögen genug verrieth, um viele Freyer zu locken. Der Sohn des Justizpräsidenten warb um meine Hand, als er eben die Stelle eines Justizrathes erhalten sollte — ein Ideal von männlicher Schönheit! Aber sein Herz war — Brechen wir ab davon!

Rei-

Reichart. Warum wählten Sie nicht klüger?
Wilhelmine. Sind Sie mit der Wahl Ihres Schwiegersohnes zufrieden?
Reichart. (schweigt betrofen)
Wilhelmine. Warum wählten Sie nicht klüger? (Pause) Mein Vater las einen armen Menschen von der Strasse auf, dessen Elend Mitleid zu verdienen schien. Er hatte Kopf, und machte es meiner Schwester fühlbar, daß er auch ein Herz habe. Der Wunsch meiner Aeltern stand seinem Glücke nicht entgegen. Aber er verführte meine Schwester, und mein Vater muſte ihm nun selbſt ihre Hand anbiethen. Er heuchelte Reu, Liebe und Dankbarkeit er verlobte sich sogar mit Marionnen! allein die Arme erlebte ihren Brauttag nicht. Der Bösewicht bestahl die Kaſſe um eine Summe von sechzig tausend Thalern, und war entflohn, eh noch ein Argwohn des Diebſtahles entſtehen konnte. Die Zeit der Kaſſenunterſuchung war nun wieder da! mein Vater, im Bewuſtſeyn seiner Redlichkeit vermuthete nichts Arges. Man ſkontrirte seine Kaſſe — der Abgang zeigte sich, und mein Vater wurde ins Gefängniß geschleppt; meine Mutter starb an ebendemselben Tage vor Schrecken an einem Schlagfluſſe. Reichart! Ein Mann war es, der meinen Vater ins Gefängniß, und meine Mutter ins Grab ſtürzte.

Reichart. Ein Schurk, kein Mann!

Wil.

Wilhelmine. Die Untersuchung dauerte, wie gewöhnlich, lang. Die Folgen von der Verführung meiner unglücklichen Schwester traten fürchterlich ein. Sie gebahr. Alle Verwandte, die sonst vor uns krochen, stießen mich nun beleidigend zurück, und schimpften auf die arme Waise, für die ich schwesterlich um Unterstützung flehte. Nirgends fand ich Hilfe für sie. Da riß die Verzweiflung sie fort! sie warf ihr Kind in den Strom, meldete sich dem Gerichte als Mörderinn — und ihr Blut floß unter dem Schwerte des Henkers. — Reichart! Ein Mann war es, der meine Schwester auf das Schaffot brachte!

Reichart. Abschaum seines Geschlechtes!

Wilhelmine. Es war lange verbothen, jemanden zu meinem Vater ins Gefängniß zu lassen. Endlich ward es mir auf weinende Bitten erlaubt, ihn zu sehen. Wo ist deine Schwester? rief er. O die ist schon unterm Rabensteine, antwortete mit kaltem Lächeln der Kerkermeister, der neben mir stand. Mein Vater sank in Ohnmacht — ich mit ihm.

Reichart. Schrecklich! aber auch wahr?

Wilhelmine. Wahr? — Als ich mich wieder erholte, fand ich mich auf meinem Zimmer allein — allein, wie jeder Unglückliche! — Da fuhr mir der unselige Gedanke an meinen Geliebten durch den Kopf — ich raffte meine letzten Kräfte zusammen, und eilte

hin

hin. — Gott wie erschrack ich, als ich gemeldet werden mußte, wo sonst alle Thüren vor mir aufflogen! — Ich hörte die Stimme meines Theuren im Vorzimmer! — Ist die arme Stauereinnehmers Tochter da? fragte er im Tone der Verachtung. Geb' er ihr das, sie soll aber nicht wieder kommen, — Der Bediente kam zurück, und brachte mir — diesen Thaler! (sie zieht ihn aus dem Busen) Ich nahm ihn, und drückte ihn so fest, als hätt' ich das Wohl des ganzen Männergeschlechts in der Hand, um es abzuwürgen. — Reichart! Ein Mann war es, der in dieser entsetzlichen Stunde mir diesen Thaler gab. — Der soll nie von meinem Herzen kommen! (sie steckt ihn wieder zu sich)

Reichart. Genug! Genug! um den armen Verstand banquerot zu machen.

Wilhelmine. Glühend von dieser Demüthigung rannt' ich zu meines Vaters Gefängniß. Man wollte mich zurückhalten — ich wüthete mich durch, und fand ihn sterbend in den Armen des Kerkermeisters; seine letzte Zuckung druckte mir den Baterseegen in die Hand. Gott lob! sagte der Kerkermeister, es ist das Beste, was er thun konnte! — Reichart! ein Mann war es, der meine letzte Stütze — meinen Vater ins Grab warf.

Rei-

Reichart. (gerührt) Was kann das Geschlecht für den Einzelnen?

Wilhelmine. Von dieser Stunde an hatt' ich keinen Sinn mehr, diese beyden Begriffe zu unterscheiden, und schwur ewigen Haß dem ganzen Geschlechte. Ich floh meine Vaterstadt, und würdigte mich zu den Künsten einer Koquette herab, das starke Geschlecht um seine Ruhe zu betrügen. Meine Reiße waren meine Waffen, und meine Tugend schützte der Haß. Ich machte die glänzendsten Eroberungen, und meine Koquetterie brandschaßte die Reichthümer der vornehmsten Wollüstlinge. Sie warf mir an manchem Tage mehr Zinsen ab, als eine Grafschaft in einem Monate; für mich behielt ich nichts; aber ich habe davon mehr als zwanzig Mädchen ausgesteuert, von denen ich überzeugt war, daß ihre Männer durch sie unglücklich werden mußten.

Reichart. Pfuy, das war schändlich!

Wilhelmine. Um Ende fühlt' ich es doch selbst, daß ich auf diesem Wege meinen Zweck nicht erreichen konnte. Aus Uibereilung hatte ich mich an die Reichen gewagt. Meine Eindte war nur eine Aderlässe des Uiberflusses; ich aber wollte Herzensblut haben, und spielte nun zweckmässiger meine Künste gegen die Klasse, welche ich wahrhaft unglücklich machen konnte. Auch hier fehlte es mir nicht an Menge der Eroberungen. In Straß-
burg

burg wurde ich mit dem Verworfnen, meinem Unterhändler bekannt, der mich noch itzt unter dem Namen meines Bruders begleitet.

Reichart. Aber wie verträgt sich Männerhaß mit der Gesellschaft eines solchen Menschen, den nur irgend ein heimlicher Todsünder in unser Geschlecht hereingeschwärzt haben kann? Wie verträgt sich Tugend mit Landstreicherey? — Noch einmal! Dein Handwerk straft dich Lügen.

Wilhelmine. Der Nichtswürdige war meinem Herzen Bedürfniß, um durch seinen Anblick meinen Haß zu nähren. Er war der Unterhändler meiner Rache. Diese allein machte meinen Aufenthalt unstät. Uiberall schlug ich Wunden, die nur ich allein heilen konnte, und wenn sie am wüthendsten brannten, da verschwand ich. Wie könnt' ich Liebe gewähren einem Geschlechte, das ich hasse?

Reichart. Armes Mädchen! Meine Spekulazion hat sich geändert. Ich habe dir ein Plätzchen im Zuchthause zugedacht; aber dahin gehörst du nicht. Komm mit mir!

Wilhelmine. Und wohin?

Reichart. Wenn das Gericht so urtheilet, wie ich — ins Tollhaus.

Wilhelmine. Wo ich zur Ehre Ihres Geschlechtes eine so herrliche Figur machen werde, wie der Thaler des Justitzraths an meinem Busen! Kommen Sie! (sie reißt ihn mit sich fort.)

Der Vorhang fällt.

Vierter Aufzug.
Erster Auftritt.
Zimmer, wie im ersten Aufzuge.

Wilfeld, und Therese.

Wilfeld. (an einem Tische, worauf einige Handlungsbücher liegen) Schon fünf Uhr — und mein Karl noch nicht zurück! — Auch von Reichart keine Silbe weiter. — Es war doch kein Traum, der an diesem Morgen mich täuschte? — O ich fürchte — — — Sey es, wenn auch alle Hoffnungen schwinden, so beurkunden doch diese Bücher meine Redlichkeit. Genug für mich! — Aber für meine Kinder? —

Therese. (legt ihre Strickerey weg, und sucht den Kummer ihres Vaters zu zerstreuen) Lieber Vater, Sie haben mir heut das Kästchen gezeigt, in welchem der Schmuck meiner Mutter liegt.

Wilfeld. Ja, das hab' ich.

Therese. O zeigen Sie mir doch den Schmuck selbst.

Wilfeld. Warum das, Therese?

Therese. Ich will doch sehen — ob er des Grames auch werth ist, den er mir heute gemacht hat.

Wilfeld. (holt ihn, und öffnet das Kästchen) Da siehst du ihn.

Therese. Das ist es alle? Ringe — Ohrgehänge — Vater! Dieser Kleinigkeiten bedarf ich nicht —

Wilfeld. Aber ihres Werthes zu deinem Unterhalte.

Therese. Den gewinnen mir meine Hände. — Diese Perlenschnüre — ich kann sie nicht ansehen, ohne an die Thränen zu denken, die sie mir gekostet haben.

Wilfeld. Gutes Mädchen, gieb her, ich muß den Schmuck wieder einsperren, weil er dich so traurig macht.

Therese. Ach nein, mein Vater!

Zweyter Auftritt.

Stahl, Vorige.

Stahl. Guten Abend, Herr Wilfeld! Nun, wie siehts aus?

Wilfeld. Mein Sohn war doch bey Ihnen?

Stahl. Ich habe bis itzt umsonst auf ihn gewartet. Mein Handlungsdiener wird doch nicht unrecht verstanden haben? Ihr Sohn hatte mir 500. Thaler zu bringen nicht wahr?

Wilfeld. Ja, ich gab ihm einen Wechsel, den er, um Sie selbst dieser Mühe zu überheben, beym Banquier Rosa für Geld umsetzen sollte. Eben heute erhielt ich ihn aus Frankfurt.

Stahl. Aus der Baumannischen Konkursmasse —

Wilfeld. Ich habe viel dabey verloren! —

Stahl. Ich noch mehr. Durch Schaden wird man klug. Wil-

Wilfeld. Auch grausam mitunter.

Stahl. Jeder sucht das Seinige. Die Zeiten sind klemm.

Wilfeld. Desto schlimmer für mich. Ich kann Sie nicht ganz bezahlen.

Stahl. Und ich nicht warten.

Wilfeld. Ihre Handlung blüht —

Stahl. Sie soll nicht herabkommen.

Wilfeld. Die Meinige sinkt!

Stahl. Darum dring ich auf Zahlung.

Wilfeld. Vielleicht ist mein Sohn eben itzt bey Ihnen.

Stahl. Ich will ihn hier erwarten. (setzt sich) Apropos! Sie wollen, wie ich höre, einen Konkurs anmelden?

Wilfeld. Ja.

Stahl. Den will ich nicht abwarten.

Wilfeld. Und also?

Stahl. Arrest.

Wilfeld. Meine Ehre —

Stahl. Ich frage nur, wer bezahlt mich?

Therese. (will ihm mit dem Schmuck entgegen) Ich! Hier nehmen Sie!

Stahl. Ey sieh da, wie prachtvoll!

Wilfeld. Ein Vermächtniß ihrer Mutter, wie Sie wissen, worauf keiner meiner Gläubiger ein Recht hat.

Stahl. Weiß es, leider! war ja selbst als Zeuge beym Testament unterschrieben! — — Aber wenn sie selbst will —

Wilfeld. Sie hat noch keinen Willen. Die Ge-setze —

Drit-

Dritter Auftritt.

Reichart. Vorige.

Reichart. (tritt hastig ein, ohne den Stahl zu bemerken) Lieber, guter Wilfeld! Das Herz möchte mir zerspringen, daß ich dirs sagen muß. Aus meiner Spekulazion mit deinem Karl wird nichts. Ich will das Glück meiner Tochter nicht auf Risiko setzen. Dein Sohn ist an Verstand, und Herzen banquerot. — Du erschrickst? Ich war zu hastig, lieber Wilfeld! Leichtsinnig ist dein Karl, weiter nichts.

Wilfeld. Reichart! Keine Entschuldigung! Keine Beschönigung! Was that Karl?

Reichart. Er liebt eine Närrinn! — Mein Ferdinand sagte mir das, ich wollte untersuchen — gieng hin — und fand Karln, denk nur, fand Karl mit meinem Sohn' im Gefechte. Mit dem Rohr da schlug ich ihre Degen voneinander — aber

Wilfeld. Weiter!

Reichart. Dein Karl schwur, daß er eher die heiligsten Pflichten mit Füssen treten, als das Mädchen verlassen wolle.

Wilfeld. Gott! Laß die Ahmung nicht wahr seyn, die mich itzt erschüttert!

Reichart. Alle Bande der Natur will der Wüstling eher zerreissen, als er sich von dem Mädchen trennt. Doch dafür hab' ich gesorgt, und die Närrinn wohlbehalten ins Gefängniß spediren lassen. Stahl,

Stahl. Ganz natürlich! Was bringt die Väter leichter zum Bettelstabe, als die Ausschweifungen der Söhne? Wer weiß, ob er der Dirne mit dem Wechsel nicht gar ein Geschenk machte — so ein Viatikum —

Wilfeld. Gott! wenn es wahr wäre! (stürzt ins Nebenzimmer)

Reichart. Daß ich mich doch übereilen mußte! (zu Stahl) Was hatten denn eben Sie darein zu reden? Stehen da, wie ein verwünschter Zollvisitator um Mitternacht hinterm Schrankbaume. Ich wußte nicht einmahl, daß Sie da sind!

Therese. (zu Stahl) Wie Sie doch meinen Vater so kränken können, harter Mann! (eilt Wilfelden nach)

Reichart. Herr! Ihnen hat die Natur statt des Herzens einen Pfeffersack in die Brust gehängt! Sie bringen den Mann zur Verzweiflung! Ich kann ihn nun wahrhaftig nicht allein lassen. (ab)

Vierter Auftritt.

Stahl, bald darauf Karl.

Stahl. Hm! Man wird für sein Geld doch reden dürfen? Will hier warten, bis der saubere junge Herr nach Hause kömmt. Ich bleibe nun einmahl da, bis ich Geld sehe.

Karl. (tritt verstört ein, und bebt zurück, als er Stahl sieht)

Stahl.

Stahl. Sie haben mich ziemlich lang auf Sie warten lassen, Herr Wilfeld! Bey unsereinem fällt die Zeit ins Gewicht. Haben Sie den Wechsel umgesetzt, so geben Sie mir die 500 Thaler. Ich kann mich nicht länger aufhalten.

Karl. (wild) Ich habe sie nicht.

Stahl. So? Ihr Vater sagte mir doch —

Karl. Ich bitte Sie, gehen Sie auf der Stelle fort!

Stahl. Er wird mich doch nicht belogen haben?

Karl. Nein! Aber gehn Sie — nur ißt gehen Sie fort!

Stahl. Sie erhielten also den Wechsel?

Karl. Ja.

Stahl. Wechsel oder Geld! sonst geh ich nicht.

Karl. Keines von beyden! (bittend) Gehen Sie!

Stahl. Da zittert er, wie das böse Gewissen! — Ja, Herr! Ich gehe; aber in einer Stunde bin ich wieder da, und dann steckt Ihr Vater im Schuldthurm. Man weiß wohl —

Karl. Was weiß man?

Stahl. Daß ihr Vater zum Bettelstabe greifen muß, und daß der Sohn das Seinige nach Kräften dazu beygetragen habe, das weiß man.

Karl. Nun ists aus! Gehn Sie! — Ich glühe — ich rase, wie sie sehen, ich bitte Sie zum letztenmahle! Gehen Sie!

Stahl. Schöne, erbauliche Wirthschaft! Ich sag's Ihnen ins Gesicht, Herr, Sie sind ein Nichtswürdiger, der seinem Vater den Kre dit stiehlst, und den Gläubigern ihr Geld unterschlägt, um es an eine feile Dirne zu verschwenden.

Karl. Elender Goldwurm! Deine Lästerung ist Lob! Du lästerst Gott in jedem deiner Gebethe, überzählst deine Zinsen in der Kirche, und sinnest vor dem Altar auf neuen Wucher. Dein Herz, im Geize verrostet, kennt keine edle Leidenschaft; deine Vernunft ist eine Rechnungstabelle, und deine Beschäftigung der R..in deiner besseren Mitmenschen. Wenn Gott das Verbrechen meiner Leidenschaft mit der kalten Grausamkeit deines diebischen Wuchers zusammenstellt, dann wollen wir sehen, wer den Namen eines Nichtswürdigen mehr verdient, du — oder ich! Itzt geh!

Stahl. Sachte! Sachte! Ich werde bald wieder kommen; dann wird der Bettelstolz nach einer andern Pfeife tanzen. Dein Vater muß noch heut in den Thurm. (ab)

Fünfter Auftritt.

Karl, nachher Krönsberg.

Karl. Was hab' ich gethan? — Mein Vater in den Thurm? Nein! Nein! Ich will hin — O Wilhelmine! zu viel, zu viel! Pflicht und Leidenschaft reissen an meinem Herzen, und ihre Unversöhnlichkeit macht mich zum Verbrecher gegen die Natur, oder gegen die Liebe. Ich muß — nein, in den Thurm soll mein Vater nicht! **Krönß-**

Krönsberg. (in einem abgetragenen Ueberrocke) Sind Sie allein, Wilfeld?

Karl. Freund! – Sie kommen, wie geruffen! Haben Sie den Wechsel noch?

Krönsberg. Gott! Er war mit Verboth belegt! Sie haben mich dadurch in eine Verlegenheit gesetzt, wo ich meine Ehre —

Karl. Um Gottes willen! Haben Sie den Wechsel nicht bey sich? Mein Vater ist in der äusserften Gefahr! — O verachten Sie mich nicht, daß ich ein Geschenk, welches meine Leidenschaft so rasch — so gerne hingab, wieder zurückfodere, um mit der Pflicht eines ehrlichen Sohnes mich auszusöhnen! Meine Lage ist fürchterlich! Mein Geschenk war Diebstahl an meinem Vater! Können Sie mir den Wechsel nicht wieder geben, so läßt Stahl meinen Vater ins Gefängniß werfen!

Krönsberg. (sucht) Sie rasen, Freund! — Ich hab' ihn wirklich nicht bey mir! Ich muß ihn bey meiner unglücklichen Schwester gelassen haben!

Karl. Unglücklich, sagen Sie? Wo ist Wilhelmine?

Krönsberg. Sie wissen das nicht? —

Karl. Nein! Sie erschrecken mich? Ist sie nicht mehr dort?

Krönsberg. Beym rothen Kreutz in einem armseligen Dachstübchen! Hier erwartet sie mit Thränen das Ende ihres Lebens — oder Rettung durch Sie! Ich sah es wohl voraus,

daß dieser Roman ein schreckliches Ende neh=
men werde.

Karl. Wie das? Ich erstaune.

Krönsberg. Mein Gott! Sie kennen doch das
Komplott! Man ließ uns sogar durch die
Polizey verfolgen! Durch Schande wollte
man meine Schwester zur Flucht zwingen.
Im Nachtgewande mußte sie sich aus dem
Gasthofe flüchten, und ich hatte kaum Eile genug, sie in ihren traurigen Aufenthalt zu bringen. Meine, und ihre Kleider blieben im
Gasthofe zurück, wir sind rein ausgeplün-
dert; wir hatten zwar wenig mehr zu verlieren, aber für uns war es viel. Ha! Nun
versteh' ich es erst, was mir eben Ihr
Schwager Reichart so beleidigend ins Ohr
sagte: Was wir anfiengen, wird Stahl
vollenden.

Karl. Stahl? — Woher weiß Ferdinand —

Krönsberg. Daß Sie doch gar keine Augen haben! Louise liebt Sie; Reichart wünscht
Sie aus Grille zum Tochtermann; Ihr Vater wird durch diese Grille glücklich; meine
Schwester steht ihm in dem Wege; und nun
soll Stahl zum Scheine ihren Vater in die
Enge treiben, und meine Schwester der Soh-
nespflicht aufgeopfert werden. So hängt
die Sache zusammen.

Karl. Nicht möglich!

Krönsberg. So mischen unsere Verfolger die
Karte, indeß die arme, verworfene Wilhelmine

mine weint, und in ihrem Dachstübchen jede Minute vor der öffentlichen Schande zittert. O Freund! Seyn Sie Mann! Helfen Sie! Retten Sie! Sonst ist Wilhelmine verloren!

Karl. Sollte Reichart — sollte mein Vater wirklich das thun können?

Krönsberg. Das fragen Sie — nachdem es geschehen ist? — (erblickt den Schmuck) Ah! welche Pracht! Ein Reisegeld durch halb Europa! Wem gehört der Schmuck? Da könnten wir ja —

Karl. Er gehört meiner Schwester. — Wilhelmine soll keinen Bösewicht zu ihrem Gatten haben. Indeß ist mein Entschluß der vorige: Wir fliehen!

Krönsberg. Und betteln?

Karl. Gott! — — Aber was wollen Sie sonst?

Krönsberg. Sie lieben meine Schwester nicht — Sie haben sie nie geliebt.

Karl. Soll ich meine Schwester bestehlen, um gegen die Ihrige gerecht zu seyn?

Krönsberg. Soll meine Schwester preisgegeben werden, um Louisen den Platz zu räumen? Und läßt sich am Ende ein Darlehen dieser Art nicht noch ersetzen, wenn Sie mit Wilhelminen über die Gränze sind?

Karl. Kann Wilhelmine selbst das zugeben? —

Krönsberg. Das wird sie nimmermehr. Sie ist es gewohnt zum Vortheil anderer unglücklich zu seyn. Ich habe wider das Herz meiner Schwester gesündiget! Sie würde nie in dieses Darlehen willigen. Verzeihn Sie mir, wenn ich Sie, und meine Schwester mit diesem Antrage beleitiget habe! Ich griff im Sturme nach dem Brette. Nun flieh' ich allein mit Wilhelminen. An Ihrer Seite zu betteln würde ihr doppelt schmerzhaft seyn, und auch mir! Tausend Glück zu Ihrer Verbindung mit Louisen, Freund! — Was liegt daran, wenn auch Wilhelmine verzweifelt? Es ist ja Ihres Vaters, und Reicharts Wille! — So verzweifle sie denn! Vielleicht hören Sie bald von einer Selbstmörderin!

Karl. Nein! Nein! — Mensch! Du treibst mich bis zur Raserey! (auf den Schmuck zeigend) Da nimm ihn und flieh! In einer Stunde bin ich bey euch!

Krönsberg. Ich höre jemanden! In einer Stunde sehen wir uns gewiß! (mit dem Schmucke ab)

Karl. (nach einer Pause aufgeschreckt) Halt! Weh mir! Ich bin der elendeste Mensch unter der Sonne!

Der Vorhang fällt.

Fünfter Aufzug.
Erster Auftritt.
Zimmer, wie im vorigen Aufzuge.
Wilfeld allein.

Wilfeld. (äußerst unruhig) Mein Karl noch nicht zurück? — Sollte der Argwohn den Stohl

Stahl auf ihn warf — nein! So tief kann
ein Sohn nicht sinken! — Aber wenn
er — warum kömmt er nicht? — Armuth,
Gefängniß, Verachtung — alles will ich dulden, nur nicht den letzten Messerstich von
der Hand meines Kindes! — Nur diesen
nicht, Vater im Himmel! Im Untersinken
die Hand nach seiner Hilfe ausstrecken —
und dann hinabgeschleudert werden von dem
einzigen — bestoh'en werden um den letzten
Nothpfenning von meinem eigenen Kinde?
— Wie das tobt, und wüthet am Vaterherzen! — Karl! Karl! Weh dir, wenn du
diese glühende Zähre verdient hast! (wirft
sich in einen Stuhl)

Zweyter Auftritt.

Wilfeld, und Therese.

Therese. (stürzt ängstlich herein) Ach heiliger
Gott!
Wilfeld. Was bringst du, mein Kind? — Ist
noch ein Jammer neu für mich? Geschwinde!
Therese. Ach lieber Vater! Er kömmt schon!
Wilfeld. (halb freudig) Mein Karl?
Therese. Nachbar Stahl mit den Gerichtsdienern.
Wilfeld. Ich bin gefaßt!
Therese. Mich soll er nicht von Ihnen los reis-
sen, Vater! So will ich mich an Sie hän-
gen! Nie, nie werd' ich Sie verlassen!
Wilfeld. (umarmt und küßt sie) Der letzte
Tropfen Seligkeit in der Wüste des Elends!

Dritter Auftritt.

Vorige, Karl, und Stahl mit zwey Gerichtsdienern.

Karl. (zu Stahl) Zum letzten Mahle, bey allem, was heilig ist, beschwör' ich Sie, werfen Sie mich statt meines Vaters ins Gefängniß! Tödten Sie mich! Nur schonen Sie meiner!

Stahl. Ich höre nun auf nichts mehr, Geld, oder Arrest!

Karl. Erbarmung!

Wilfeld. (ängstlich) Karl! Wo sind die 500 Thaler?

Karl. (steht wie versteinert)

Stahl. In den Händen der Dirne! sagt' ichs doch zuvor!

Wilfeld. (gepreßt) Karl! Auch du —

Karl. (stürzt ihm zu Füßen) O nicht diese Sanftmuth! — Ihren Zorn, mein Vater!

Stahl. (zu Wilfeld) Nun kommen Sie! Es wird schon dunkel. Ich habe heut noch andere Geschäfte.

Therese. Gnade! Erbarmen! Rauben Sie mir meinen Vater nicht! Nehmen Sie meinen Schmuck!

Karl. (fährt auf in Verzweiflung)

Therese. (ängstlich suchend) Ach Gott! Mein Schmuck! Wo ist mein Schmuck?

Wil=

Wilfeld. (zitternd) Ist er nicht hier? (er erschrickt vor Karls Anblick, und fragt ihn mit bebender Stimme) Wo ist der Schmuck?

Karl. Fort! Fort durch mich!!

Wilfeld. Unmensch! (sinkt kraftlos in den Stuhl zurück)

Therese. (fliegt auf ihn zu, und umfaßt seine Knie) Vater! Vater!

Karl. Zetter! Zetter über den Vatermörder! (er wüthet wider sich selbst)

Stahl. Ha! Wer verdient nun den Namen eines Nichtswürdigen mehr — ich? oder du? Bösewicht!

Wilfeld. (erhollt sich) Führt mich fort! fort! Ich habe keinen Sohn mehr!

Vierter Auftritt.

Reichart, Ferdinand, Louise, Vorige.

Reichart. Was ist das? (zu Stahl) Herr, das geht zu weit! So behandelt man keinen Rechtschaffenen, der durch fremde Fallimente ruinirt ward. Ich bürge für ihn.

Stahl. Dann bin ich vollkommen zufrieden.

Reichart. Was haben Sie an meinen Freund zu fodern?

Stahl. Tausend Thaler, baar vorgeliehen!

Reichart. Die Sie noch heute baar zurückhaben sollen. Einem Manne von solchem Schrott und Kern will ich über Nacht nicht einmahl

als

als Bürge obligirt seyn. Haben Sie noch sonst etwas hier zu suchen?

Stahl. Nichts. Ich empfehle mich höflichst. (mit den Gerichtsdienern ab)

Reichart. Der Kipper und Wipper! — Nun wieder frey geathmet, lieber Wilfeld! Dein Feind ist weg!

Wilfeld. Stahl, war es nicht — dieser dort!

Reichart. Was sagst du? Dein Sohn? Was gieng hier vor?

Karl. (wirft sich stumm zu den Füssen seines Vaters, und umfaßt seine Knie)

Wilfeld. Ich hatte einst einen Sohn —

Reichart. Was ist das?

Wilfeld. Oh! Das hat noch kein Vater gefühlt! — Ich will ihm nicht fluchen! (er trocknet sich die Augen)

Karl. (gepreßt) Vater!

Wilfeld. Dieser Namen! — Einst meine Seligkeit — nun mein Elend! — Nenne mich nicht mehr so, Fremdling!

Karl. O wenn Sie es fühlten, Vater! wie tobende Verzweiflung mein Herz zerreißt, und selbst die letzte Hoffnung vernichtet, durch glühende Reue vor Gott Erbarmung zu finden, wie die Last meines Verbrechens mich niederdrückt, daß ich den Staub unter mir beneide! Vater! Das hat noch kein Sohn gefühlt! — Wenn Ihr Vaterherz — wenn Gott mich von seinen Erbarmungen ausschließt — ich hab es verdient, Ich habe Vater und Schwester

bra

bestohlen — bübisch bestohlen! (zu den übrigen) O verachtet mich! flucht mir! Ich bin der verworfenste aller Verbrecher!

Louise. Gott im Himmel!

Karl. Ich bin nicht verwegen genug, Vater! Ihre Verzeihung zu hoffen! Nur Verwerfung gebührt mir! — Sie waren so ganz Liebe für mich! (schluchzend) Undank — Undank der Hölle Ihr Lohn für Vaterliebe! Sie können mir nie verzeihen!

Therese. Vater! Vergebung für meinen Bruder!

Wilfeld. (stürzt ihm nach langem Kampf in die Arme) Doch mein Sohn noch! (Pause)

Karl. An diesem Altare weiht sich der reuige Verbrecher der Tugend wieder?

Wilfeld. Mein Karl!

Reichart. Mensch! Was soll ich denken von dir?

Karl. Verachten Sie mich! Ich verdiene die Verachtung jedes redlichen Mannes! Mein Vater verzeiht mir! Ich werde mir nie verzeihen! (will ab)

Reichart. Halt! Wohin?

Karl. Gott! Wo waren meine Sinne, daß ich nicht früher — Lassen Sie mich!

Reichart. Was willst du?

Karl. Wechsel und Schmuck muß ich wieder haben! Lassen Sie mich! Jeder Augenblick vermehrt meine Verdammniß!

Fünfter Auftritt.

Ein Polizeykommissär. Vorige.

Kommissär. Verzeihen Sie, wenn ich Sie worin störe. Ich komme von Gerichtswegen. (zu Karln) Sie bleiben!

Louise. (für sich) Gott! Von Gerichtswegen! Und mein Karl ein Verbrecher!

Kommissär. Vor zwey Stunden wurde ein falscher Spieler eingezogen, der sich schon lange unter dem Namen Kröneberg hier aufhielt. Man fand bey ihm dieses Kästchen mit Schmuck diese fünfhundert Thaler, und diese goldene Uhr. Seiner Aussage nach gehört der Schmuck, und das Geld Ihnen, Herr Wilfeld! Doch behauptet er, beydes mit Einwilligung Ihres Sohnes an sich gebracht zu haben. Ist das wahr?

Karl. Ja.

Kommissär. Untersuchen Sie den Schmuck, ob nichts davon abgeht. (es geschieht)

Wilfeld. Ich vermisse nichts.

Therese. Gott Lob! Nun ist mein Bruder ausser Gefahr!

Kommissär. So nehmen Sie Geld und Schmuck wieder in Empfang. Sollte man diesen vielleicht bey dem Gerichte noch einmahl nöthig haben; so werden Sie keinen Anstand nehmen, ihn auf Verlangen vorzuzeigen.

Wilfeld. Nicht den geringsten, Herr Kommissär!

Kom=

Kommiſſär. (zu Ferdinand) Dieſe Uhr geſtand er, Ihnen im Spiele abgewonnen zu haben. Iſt ſie ebendieſelbe?

Ferdinand. (beſchämt) Ja.

Kommiſſär. So nehmen Sie Ihr Eigenthum zurück. — Das Frauenzimmer, welches noch vor ihm arretirt wurde —

Karl. Wilhelmine im Gefängniß?

Reichart. Ich ſelbſt habe die Landſtreicherinn arretiren laſſen.

Karl. Sie?

Kommiſſär. Dieſes Frauenzimmer war eines Lebenswandels geſtändig, der nach der Strenge der Geſetze ſie eines ewigen Gefängniſſes würdig machen würde, wenn es nicht allzu ſichtbar wäre, daß ſie — ihren Verſtand verloren hat.

Karl. Was ſagen Sie?

Reichart. Sie iſt eine Närrinn, hörſt du denn nicht?

Kommiſſär. Ihr letzter Plan zielte nur dahin, den Wohlſtand Ihres Hauſes, Herr Wilfeld! durch Ihren eigenen Sohn zu untergraben. Das Mädchen iſt ein weiblicher Timon. Ich habe nichts mehr, ſagte ſie, als dieſen Ring mit der brillantenen Roſe, das letzte Geſchenk eines jungen Edelmannes, deſſen Familienſchmuck ich durch meine Koquetterie geplündert habe. Aber gerne ſchenk' ich ihn demjenigen, der mir die Nachricht bringt, daß Wilfeld mit ſeinem Vater verzweifelt!

Karl. Furie!

F   Rei

Reichart. Dieser Ring wäre vor wenig Augenblicken noch zu verdienen gewesen.

Kommissär. (zu Karln) In Rücksicht Ihres würdigen Vaters, und Ihres tadellosen Betragens, durch welches Sie sich sonst immer empfahlen, verschonet Sie das Gericht mit der gefänglichen Einziehung; doch werden Sie sich auf jede Vorrufung ohne Weigerung zu stellen haben. Und nun habe ich meinen Auftrag vollendet. Leben Sie wohl! (ab)

Reichart. (zu Karln) Und nun, armer Banquerotier! Laß dein Gewissen wieder zu Ehren kommen! Steh nicht mehr in Handel und Wandel mit der Thorheit, die dein Herz um seinen Kredit betrügt, und bezahle lieber die Foderung der Vernunft. Ein junger Mensch, wie du, kann nicht leichter folliren, als bei der unvorsichtigen Wahl eines Mädchens. (zu Ferdinand) Und du mein Sohn, sey künftig behutsamer bey der Wahl deiner Freunde!

Wilfeld. Von der Seligkeit einer glücklich getroffenen Wahl überzeuge dich dieses Beispiel! (er umarmt den Reichart)

Ferdinand. Laß es uns nachahmen, Karl! Laß unsere Herzen gleich schlagen mit den Herzen unserer Väter (reicht ihm die Hand) Auf ewige Freundschaft!

Karl. Ich verdiene sie nicht, Ferdinand! Aber — (schlägt ein) Auf ewige Freundschaft!

Reichart. Und damit du bey der Wahl eines Mäd‍chens nicht wieder einen dummen Streich auf Risiko machest, Brausekopf; so will ich sie statt deiner übernehmen. — Hier ist meine Tochter! Nun sag mir, Aug in Aug, ob sie deine Närrinn aufwiegt? ob du es wagen darfst, auf die Hand meiner Louise Spekulazion zu machen?

Karl. Ich fühle es nur zu tief, daß ich sie nicht verdiene.

Reichart. Das ist wahr! Auch bin ich um einen Käufer für diese Waare nicht verlegen. — Louise! Liebst du den Menschen da noch?

Louise. Ach Vater! Diese Gewissensfrage ist un‍ter so vielen Augen schwer zu beantworten.

Reichart. Also unter vieren! (er zieht sie bey Seite.)

Louise. (leise) O ja, lieber Vater!

Reichart. Höre! Karl! Meine Louise liebt dich noch!

Louise. Nun, da haben wirs! (verlegen) Ferdi‍nand! Wie viel Uhr haben wir itzt? Ich glaube gewiß, du hast deinen Uhrschlüssel vergessen!

Karl. O theure Louise! Ihrer Liebe dank' ich den einzigen Werth, den ich hienieden noch haben konn.

Louise. Können Sie aber auch Wilhelminen ver‍gessen?

Karl. Mein Herz entsaget ihr auf ewig! Ihr Zustand verdienet Mitleid — der meinige Verachtung. Louise.

Louise. Jenun, das Mitleid will ich ihr wohl gönnen, und gegen die Verachtung sichert Sie meine Liebe.

Karl. Wenn ich dieser Liebe würdig seyn werde, dann laßen Sie mich an ihrer Seite auf das Glück des Lebens Anspruch machen. Jßt steht mein Unwerth als eine Scheidewand zwischen uns beyden. Noch kann ich der Ihrige nicht werden, Louise!

Reichart. Wahr gesprochen, das sollst du nicht! Die gute Waare verdirbt neben der schlechten. Werde, wie du einst warest, dann ist Louise dein; bis dahin führest du mit mir die Inspektion über meine Handlung. — Wilfeld! Wie weit ist die deinige überschuldet?

Wilfeld. Noch hält mein Vermögen das Gleichgewicht!

Reichart. Abgetreten! Mit Ehren abgetreten! Und nun verzehre mein Reservkapitälchen in Ruhe mit mir! Alter Freund! Dein Vater war es, dem der meinige sein Aufkommen zu danken hatte. Nun dankt der Sohn dem Sohne! (Gruppe)

Der Vorhang fällt.